Susan Kaiser Greenland

Achtsame Spiele

Susan Kaiser Greenland

Achtsame Spiele

Achtsamkeit und Meditation für Kinder, Jugendliche und Familien

Die Spiele wurden überarbeitet von Annaka Harris

Aus dem amerikanischen Englisch von Lisa Baumann

arbor

Arbor Verlag
Freiburg im Breisgau

Die Originalausgabe erschien unter dem Titel:
MINDFUL GAMES: Sharing Mindfulness and Meditation with Children, Teens and Families

1. Auflage 2018

Gestaltung: © nach Entwürfen von Allison Meierding
Lektorat: Richard Reschika
Druck und Bindung: Kösel, Krugzell
Hergestellt von mediengenossen.de

Dieses Buch wurde auf 100% Altpapier gedruckt und ist alterungsbeständig.
Weitere Informationen über unser Umweltengagement finden Sie unter
www.arbor-verlag.de/umwelt

www.arbor-verlag.de

ISBN 978-3-86781-177-4

Wichtiger Hinweis
Die Ratschläge zur Selbstbehandlung in diesem Buch sind von der Autorin sowie dem Verlag sorgfältig geprüft worden. Dennoch kann eine Garantie nicht übernommen werden. Bei ernsthafteren oder länger anhaltenden Beschwerden sollten Sie auf jeden Fall einen Arzt, Psychotherapeuten, Psychologen oder Heilpraktiker Ihres Vertrauens zu Rate ziehen. Eine Haftung des Autors oder des Verlages für Personen-, Sach- und Vermögensschäden ist ausgeschlossen.

Für Seth, Allegra und Gabe

INHALT

EINLEITUNG

Meditation sieht so leicht aus. Was kann daran, auf einem Kissen zu sitzen und nichts zu tun, schon besonders schwer sein? Nun, als ich zu meditieren anfing, fühlte ich mich an eine russische Schachtelpuppe erinnert: Man öffnet sie, findet in ihrem Inneren eine weitere Puppe, die ganz genauso aussieht, nur kleiner ist, und dann noch eine und noch eine, bis schließlich die kleinste Puppe zum Vorschein kommt. Es kam mir so vor, als gäbe es Schichten über Schichten von Theorien, die ich zuerst verstehen musste, bevor ich wirklich praktizieren konnte. Freunde und Kollegen hatten mir einige Bücher empfohlen, und ich mühte mich damit ab, die verschiedenen Methoden und Begrifflichkeiten zu verstehen; die Fülle an Konzepten und Techniken schien schier endlos zu sein. Aber ich blieb dran und nach und nach wandelte sich meine Meditationspraxis immer mehr von einem Ringen zu einer Atempause. Irgendwann hatte ich schließlich die kleinste Puppe in der Hand. Ich habe dieses Buch in der Hoffnung geschrieben, es möge es anderen Eltern leichter machen als mir damals, diese Konzepte zu verstehen, und sie einfach genug darzustellen, um sie mit Kindern teilen zu können.

Eine wachsende Zahl wissenschaftlicher Forschungsarbeiten belegt, was Meditierende bereits seit Jahrhunderten wissen: Achtsamkeit und Meditation fördern eine Reihe von *Lebenskompetenzen*, die Kindern genauso wie Erwachsenen ermöglichen, dem, was in ihrem Inneren und in ihrem Umfeld geschieht, mit mehr Weisheit und Mitgefühl zu begegnen. Die hier vorgestellten achtsamen Spiele lehren sechs solcher Lebenskompetenzen: *sich konzentrieren, zur Ruhe kommen, wahrnehmen, umdeuten (orig.: reframing), sich kümmern, sich verbinden*. Ich stelle sie in einem Kreis dar, in dessen Mitte *sich konzentrieren* steht, da stabile, flexible Aufmerksamkeit die anderen fünf Kompetenzen befördert.

So wirken sie zusammen:

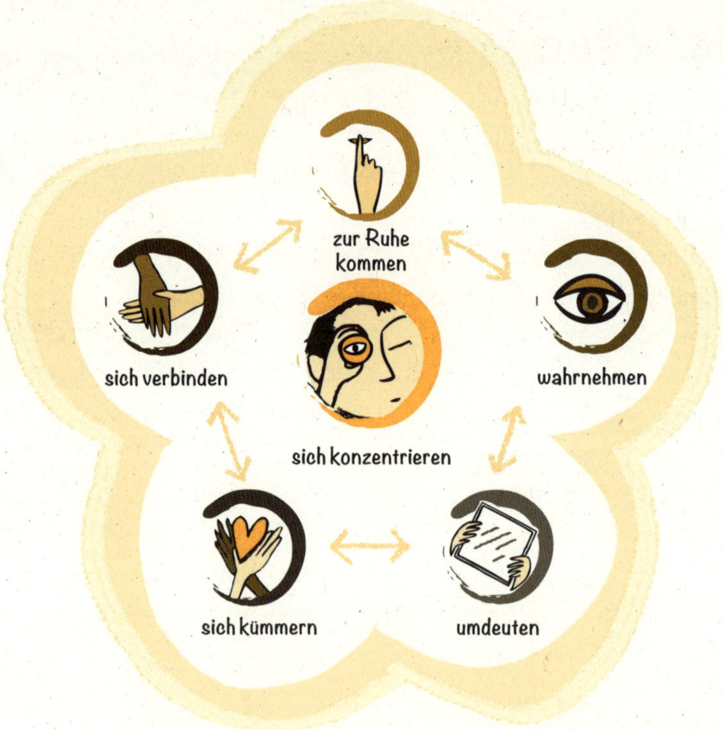

Wenn die Kinder und Jugendlichen sich auf eine Erfahrung in der Gegenwart *konzentrieren* (etwa darauf, die Atmung zu spüren oder die Geräusche im Raum zu hören), kommt ihr Geist *zur Ruhe* und in ihrem Kopf entsteht neuer Raum, so dass sie klarer *wahrnehmen* können, was gerade vor sich geht. Während sie sich bewusst werden, was in ihrem Geist und in ihrem Körper geschieht, lernen die Kinder Sinneseindrücke („Ich fühle mich unruhig" oder „Ich habe Schmetterlinge im Bauch") zum Anlass zu nehmen, innezuhalten und zu reflektieren, bevor sie sprechen oder handeln. Durch diesen Prozess sind sie weniger reaktiv und werden sich zunehmend dessen gewahr, was in ihrem Inneren und um sie herum geschieht. Statt auf mögliche Resultate *konzentrieren* sie sich darauf, weise und mitfühlend auf die Situation zu reagieren. Die Qualitäten *sich kümmern* und *sich verbinden* tauchen von selbst auf, wenn die Kinder und Jugendlichen das Geflecht von Beziehungen, Ursachen und Bedingungen erkennen, die einen jeden Moment hervorbringen. Dann haben sie die Möglichkeit, die Situation *umzudeuten*, und können sich dazu entscheiden, auf eine Art zu sprechen und zu handeln, die im Einklang mit diesen Qualitäten steht. Diese sechs Lebenskompetenzen bauen aufeinander auf, so dass eine Veränderung der Aufmerksamkeit (*zur Ruhe kommen, sich konzentrieren*) zu einer Veränderung der Gefühle (*wahrnehmen, umdeuten*) führt, was wiederum zu einer Veränderung im Sprechen, Verhalten und in Beziehungen führt (*sich kümmern und verbinden*), eine Abfolge, die man auch in der traditionellen Meditationspraxis findet.

Über Tausende von Jahren haben Meditierende einen umfassenden Katalog zusammengestellt, der unsere inneren und äußeren Welten abbildet. Ich habe ihn auf zwei Bereiche eingegrenzt, die ich Kindern und Eltern in Spielen, Geschichten, angeleiteten Visualisierungen und Demonstrationen vorstelle. Der Kreis der sechs Lebenskompetenzen stellt den ersten Bereich dar. Der zweite umfasst universelle *Themen*, die eine weise und mitfühlende Haltung gegenüber dem Leben ausmachen. Diese sind:

Akzeptanz	Urteilsvermögen
Ein offener Geist	Empathie
Wertschätzung	Alles verändert sich
Aufmerksamkeit	Gegenseitige Abhängigkeit
(die Taschenlampe und das Flutlicht)	Freude
Einstimmung	Freundlichkeit
Zurückhaltung im Verhalten	Motivation
Ursache und Wirkung	Geduld
Klarheit	Gegenwärtiger Moment
Mitgefühl	Selbstmitgefühl
Zurückhaltung in Gedanken	Weises Selbstvertrauen

Achtsamkeit und Meditation sind voller mysteriöser Qualitäten. Der Versuch, das Rätsel zu lösen, indem man diese Qualitäten auf eine Aufzählung reduziert, mag diesen Punkt scheinbar völlig verfehlen. Allerdings ermutigen mich andere mysteriöse kreative Disziplinen, es dennoch zu tun. Im Jazz zum Beispiel studieren die Musiker Quintenzirkel und üben Skalen, um künstlerische Qualitäten zu entfachen, die der Improvisation zu eigen sind, sich aber jeglicher Beschreibung entziehen. Ähnlich den Jazzmusikern studieren Meditierende eine Reihe von Themen und üben Lebenskompetenzen, um jene Qualitäten zu fördern, die der Achtsamkeit und der Meditation inhärent sind, auf die man aber nur äußerst schwer den Finger legen kann. In beiden kreativen Disziplinen erkennen die Praktizierenden diese mysteriösen Qualitäten, wenn sie sie wahrnehmen, und zwar nicht etwa, weil sie sie in Worte fassen könnten, sondern weil sie sie spüren. Wie ein altes Sprichwort sagt: Weisheit und Mitgefühl sind wie die zwei Flügel eines Vogels – wir brauchen beide, damit wir fliegen können.

Die *konzeptuellen* Themen und die *praktischen* Lebenskompetenzen, die man durch Achtsamkeit und Meditation lernt, fördern Weisheit und Mitgefühl. Gemeinsam können sie eine emotionale Freiheit bewirken, die Kindern und Familien im besten Fall hilft, durch die Turbulenzen des Lebens zu segeln, so wie ein Vogel abhebt und durch den Himmel segelt.

Das, was ich an achtsamen Spielen vielleicht am meisten mag, ist, dass sie Eltern und Kindern eine einzigartige Gelegenheit zum gemeinsamen Lehren und Lernen bieten. Wenig überraschend berichten viele Eltern, dass die für Kinder konzipierten Aktivitäten ihnen einen Weg in die Meditation ebnen, der ihnen bislang nicht zugänglich war. Was mich zu einem wichtigen Punkt führt: Unsere eigene Achtsamkeit hat einen starken Effekt auf alle anderen Menschen in unserem Leben, und als Eltern natürlich besonders auf unsere Kinder. Die Kinder spüren, wenn wir ruhig, gesammelt und fröhlich sind, und sie lernen an unserem Beispiel. Die Art, wie wir durchs Leben gehen, wirkt sich unmittelbar darauf aus, wie sicher sie sich fühlen und wie sie selbst sich durch die Welt bewegen. Deshalb möchte ich alle Erwachsenen dazu anregen, sich zuerst selbst der Achtsamkeitspraxis zu widmen, indem sie über die Themen in diesem Buch nachdenken und die Spiele selbst spielen, bevor sie das mit ihren Kindern tun.

Die achtsamen Spiele wurden zwar für junge Menschen entworfen, doch lassen Sie sich davon nicht in die Irre führen. Sie können Eltern und allen anderen Menschen, die eine bedeutsame Beziehung zu einem Kind oder Jugendlichen haben, genauso viel Spaß machen und deren Leben verändern. Liebe LehrerInnen, Therapeuten, Großeltern, Tanten, Onkel und GruppenleiterInnen: Diese Spiele sind auch für Sie. Haben Sie Lust, gleich eines auszuprobieren? Dann entspannen Sie sich und spüren Sie Ihre Füße.

Hallo Füße, wie geht es euch?

Wir richten unsere Aufmerksamkeit darauf, unsere Fußsohlen auf dem Boden zu spüren, um uns auf diese Weise zu entspannen, zu konzentrieren und uns dessen bewusst zu werden, was in diesem Moment geschieht.

LEBENSKOMPETENZEN:	ZIELALTER:
Sich konzentrieren, sich kümmern	Jedes Alter

SPIELANLEITUNG

1. Setzt oder stellt euch hin. Haltet den Rücken gerade und den Körper entspannt. Atmet ganz natürlich und nehmt wahr, was in eurem Körper und in eurem Geist in diesem Augenblick geschieht.
2. Haltet euren Körper entspannt. Falls ihr steht, haltet die Knie locker.
3. Bringt eure Aufmerksamkeit jetzt in eure Fußsohlen, und nehmt wahr, wie sich der Kontakt zum Boden anfühlt. Lasst die Gedanken und Gefühle, die durch euren Geist ziehen, kommen und gehen.
4. Spürt ihr eure Füße jetzt gerade? Falls nicht, macht euch keine Sorgen. Es ist ganz normal, dass euer Geist umherschweift. Bringt eure Aufmerksamkeit einfach zurück zu euren Fußsohlen und fangt noch einmal ein.

TIPPS

1. Sich auf eine Empfindung zu konzentrieren, wie zum Beispiel in diesem Spiel, hilft den Kindern, sich zu beruhigen, wenn sie sehr aufgeregt oder wütend sind.
2. Variieren Sie die körperlichen Empfindungen, die die Kinder wahrnehmen sollen. Bitten Sie die Kinder zum Beispiel, die kühle Türklinke in ihrer Handfläche zu spüren, wenn sie die Tür öffnen, das warme Wasser und den Seifenschaum, wenn sie ihre Hände waschen, oder die weiche Wolle an ihren Knöcheln und Füßen, wenn sie ihre Socken anziehen.
3. Wichtiger als die Dauer der achtsamen Spiele ist, dass man sie immer wieder spielt, insbesondere am Anfang.

Teil Eins

Zur Ruhe kommen

Die Geschichte „Goldlöckchen und die drei Bären" ruft schöne Erinnerungen in mir wach, doch erst vor Kurzem erschloss sich mir auch ihre Bedeutung als Metapher für das Nervensystem. Ein blondes Mädchen namens Goldlöckchen entdeckt auf einem Spaziergang durch den Wald eine Hütte. Es ist niemand zu Hause, aber sie geht trotzdem hinein. Goldlöckchen sieht sich um und erkennt, dass es sich um das Haus dreier Bären handelt – Bärenmama, Bärenpapa und Bärenbaby. Auf dem Küchentisch erspäht sie drei Schüsseln Brei. Goldlöckchen hat Hunger, also nimmt sie einen Löffel aus der Schüssel der Bärenmama, aber es ist „zu heiß!", dann aus der Schüssel des Bärenpapas: „Das ist zu kalt!" Und aus der Schüssel des Bärenbabys: „Das ist genau richtig." Sie verschlingt den Brei und geht ins Wohnzimmer, wo sie drei Stühle vorfindet. Die Stühle von Bärenmama und Bärenpapa sind zu groß, aber der Stuhl des Bärenbabys ist – wie schon der Brei – genau richtig. Sie können sich wahrscheinlich denken, wie die Geschichte weitergeht: Die drei Bären kommen nach Hause und müssen feststellen, dass ihr Brei aufgegessen und ein Stuhl zerbrochen ist; im Bett des Bärenbabys finden sie das schlafende Goldlöckchen. Die Moral von „Goldlöckchen und die drei Bären", zumindest so, wie ich die Geschichte erzähle, ist, dass Goldlöckchen ihr *Toleranzfenster* bemerkenswert gut wahrnehmen kann – ein Ausdruck, den Dr. Daniel J. Siegel in seinem Buch *Wie wir werden, die wir sind: Neurobiologische Grundlagen subjektiven Erlebens* geprägt hat und der den Bereich der Erregung anzeigt, innerhalb dessen ein Kind sich wohlfühlt, sich aktiv mit etwas befassen und flexibel auf neue Ideen und Situationen reagieren kann. Nicht zu heiß, nicht zu kalt – genau richtig.

Die Geschichte von Goldlöckchen – sein Nervensystem und sein Toleranzfenster – kann für Eltern hinsichtlich ihres Familienlebens und dessen Dynamiken recht aufschlussreich sein. Obwohl ihr Alltag im Vergleich zu jenem von Menschen, die sich ganz der Kontemplation widmen, unterschiedlicher kaum sein könnte, findet Meditation bei Kindern und Familien zunehmend großen Anklang. Sie soll ihnen dabei helfen, mit Stress und schwierigen Gefühlen umzugehen, die sie nur schwer bewältigen können.

Anders als bei einem kontemplativen Lebensstil führen die Anforderungen des modernen Alltags jedoch zu einer ständigen leichten Erregung des Nervensystems. In seinem Buch *Das Gehirn eines Buddha* nennt der Psychologe Dr. Rick Hanson dies „auf kleiner Flamme köcheln". Den meisten Menschen gibt etwas Intensität oft den entscheidenden Schub, um effektiv zu denken und zu handeln, und dann ist eine leichte Erregung des Nervensystems *genau richtig*, so wie der Brei und der Stuhl des Bärenbabys *genau richtig* für Goldlöckchen sind. Allerdings gibt es Kinder, bei denen bereits leichte Erregungsniveaus außerhalb des Toleranzfensters liegen, so dass selbst leichte Intensität ihr normales Funktionieren stört und damit absolut *nicht richtig* ist. Das ist nicht etwa eine Frage der persönlichen Präferenz, sondern es spiegelt wider, wie das Nervensystem funktioniert. Auch Kinder, die „auf kleiner Flamme" gut funktionieren, können durch emotionale Auslöser in den starreren und reaktiveren Kampf-oder-Flucht-Modus geraten. Und wie bei allen Menschen wird ihr Toleranzfenster kleiner, wenn sie müde, hungrig, krank, gestresst, ängstlich oder wütend sind. In dieser Hinsicht kann Achtsamkeit und Meditation mit jungen Menschen heikel werden, wenn die Eltern dem Nervensystem ihrer Kinder keine Beachtung schenken. Wenn Kinder und Jugendliche sich außerhalb ihres Toleranzfensters befinden, sind sie in einem weniger flexiblen, reaktiveren Modus, einem, in dem es schwierig ist – wenn nicht gar unmöglich –, für neue Ideen offen zu sein. Es gibt Situationen, in denen die Kinder schlichtweg nicht die Nerven haben, um über die großen Themen, die ihre eigene Haltung dem Leben gegenüber prägen, nachzudenken, und schon gar nicht über mögliche Alternativen dazu. Stattdessen brauchen sie etwas, das ihnen hilft, großen Stress und intensive Gefühle auszuhalten, die schier unerträglich scheinen, und sie brauchen es schnell. Achtsamkeitsbasierte Methoden, die helfen, *zur Ruhe zu kommen,* können eine überraschend schnelle kurzfristige Entlastung von überwältigenden Gefühlen bewirken. Wenn die Kinder erst einmal das Vertrauen entwickeln, dass sie nicht von ihren intensiven Gefühlen überwältigt werden, selbst wenn diese beängstigend sind, können sie ihre Praxis von Achtsamkeit und Meditation weiter vertiefen.

1

ABSICHTSVOLL ATMEN

Wenn mir ein Kind erzählt, dass es mit Stress und intensiven Gefühlen nicht umgehen kann, muss ich an die aufmunternden Worte denken, die Christopher Robins für seinem Freund Pu den Bären hatte: „Du bist mutiger, als du glaubst, und stärker, als du scheinst, und klüger, als du denkst." Und doch können intensive Gefühle oft überwältigend sein, sowohl auf dem Meditationskissen als auch jenseits davon. Die Kinder und Jugendlichen können etwas dagegen tun, indem sie ihre Aufmerksamkeit von den Gedanken über das, was sie so aufwühlt, ablenken und stattdessen wahrnehmen, wie sie sich in diesem Moment *fühlen*. Dadurch beruhigt sich das Nervensystem und im Denken entsteht neuer Raum; und auf diese Weise können sie herausfinden, was es eigentlich ist, das ihnen solches Unbehagen bereitet hat. Wissenschaftler fördern stetig neue Erkenntnisse darüber zu Tage, wie das Gehirn Kindern und Jugendlichen hilft, ihre Gefühle zu regulieren. Einige Regionen des Gehirns stehen mit Ängsten, Sorgen und weiteren schwierigen Gefühlen in Zusammenhang, während andere Regionen den Kindern ermöglichen, ihre automatischen Reaktionen auf diese Gefühle wahrzunehmen und gegebenenfalls auf den Verlauf ihrer emotionalen Reaktionen Einfluss zu nehmen. Manchmal sind die automatischen Reaktionen normal und völlig angemessen. Wenn ein Kind zum Beispiel vom Bürgersteig auf die Straße tritt, ohne den sich nähernden Bus zu bemerken, mobilisiert Angst seine Stressreaktion, so dass es schnellstens aus dem Weg gehen kann. In manchen Fällen sind die Stressreaktionen allerdings weder angemessen noch hilfreich. Wenn ein Kind mit den Schularbeiten spät dran ist, können die auftauchenden Sorgen und Ängste es dazu motivieren, die Arbeit zu erledigen; wenn das Kind aber an dem Gedanken festhält, was wohl passieren wird, wenn es seine Aufgaben nicht rechtzeitig fertig bekommt, können Ängste und Sorgen weitere Gedanken auslösen, die wiederum noch stärkere Gefühle auslösen, und so geht es immer weiter. Dann beherrschen die Gedanken und Gefühle das Geschehen. Das Kind weiß zwar, dass die Endlosschleife von Gedanken, die sich in seinem Kopf abspielt, ihm nicht hilft, doch es fühlt sich außer Stande, irgendetwas daran zu ändern. Dies wird „emotionaler Überfall" genannt, ein Begriff, den der Psychologe Dr. Daniel Goleman in seinem Buch *Emotionale Intelligenz* geprägt hat. Das Konzept des emotionalen Überfalls erklärt, warum es Kindern schwerfällt, klar zu denken, wenn sie sehr aufgeregt oder wütend sind. Ist ihre Aufmerksamkeit stabil und flexibel, können die Kinder und Jugendlichen einen emotionalen Überfall vermeiden, indem sie bemerken, wenn ihre Gedanken und Gefühle anfangen, das Steuer zu übernehmen. Weil die kognitive Kontrolle bei Kindern und Jugendlichen noch nicht vollständig ausgereift ist, sind sie für emotionale Überfälle im Allgemeinen anfälliger als ihre Eltern.

Der Körper eines Kindes verfügt über eine Vielzahl von eingebauten Mechanismen, um mit Stress umzugehen: von chemischen Sicherungsschaltern, die Stresshormone blockieren, bis hin zu dem komplexen Netz aus neuronalen Bahnen, das Nervensystem genannt wird. Wenn einer dieser Mechanismen aktiviert wird, wirkt sich das auf alle anderen Mechanismen aus. In achtsamen Spielen, die auf Stressbewältigung, Schmerzmanagement und darauf, *zur Ruhe zu kommen,* abzielen, wird oft dazu angeregt, sich sanft auf die Ausatmung zu *konzentrieren*, da diese einfache Verschiebung der Aufmerksamkeit körperliches und geistiges Unwohlsein lindern kann.

Das Nervensystem – ein komplexes Netz von Zellen mit Milliarden von Verbindungen, das Botschaften zwischen dem Gehirn, dem Rückenmark und allen anderen Teilen des Körpers transportiert – lässt sich in zwei Zweige unterteilen, die man das somatische und das autonome Nervensystem nennt. Das somatische Nervensystem ist verantwortlich für willentliche Bewegungen (springen, gehen, sprechen), reflexhafte Bewegungen und jene Empfindungen, deren sich das Kind bewusst ist, wie Schmerz und Licht. Das autonome System steuert Funktionen, die zum Großteil unbewusst ablaufen, wie Herzfrequenz, Blutdruck und Verdauung. Um besser zu verstehen, wie emotionale Überfälle und Strategien, um *zur Ruhe zu kommen,* funktionieren, lassen Sie uns die Arbeitsweise des Nervensystems in Krisensituationen und in Ruhezeiten genauer betrachten. In Notfallsituationen bereitet ein Unterzweig des autonomen Nervensystems, das sympathische Nervensystem, den Körper des Kindes darauf vor, zu kämpfen, zu fliehen oder zu erstarren. In Situationen, die keinen Notfall darstellen, sorgt der andere Unterzweig, das parasympathische Nervensystem, dafür, dass der Körper verdauen und sich ausruhen kann. Diese beiden Zweige arbeiten zusammen, um die Kinder und Jugendlichen im Gleichgewicht zu halten. Ein emotionaler Überfall aktiviert das autonome Nervensystem. Auch achtsamkeitsbasierte Methoden, um *zur Ruhe zu kommen,* wirken auf das autonome Nervensystem. Diese Strategien wirken eher beruhigend, anstatt die Kampf-oder-Flucht-Reaktion zu verstärken.

Die Reaktion des Körpers auf Stress ist komplex, aber als Faustregel lässt sich sagen, dass der ausgeglichene Ausgangszustand des autonomen Nervensystems meistens im Ausruhen und Verdauen besteht, wobei die Kampf-oder-Flucht-Reaktion leicht aktiviert ist, um Wachsamkeit und Vitalität zu gewährleisten. Dies mag

viele Eltern überraschen, für die ein stressiger Alltag und der damit einhergehende Adrenalinschub einer Kampf-oder-Flucht-Reaktion Normalität ist. Die Funktionen des autonomen Nervensystems sind fast völlig unabhängig vom bewussten Denken; ein Aspekt jedoch, über den die Kinder und Jugendlichen etwas Kontrolle haben, ist die Atmung.

Wenn das Kind ausatmet, sendet sein Gehirn ein Signal durch den Vagusnerv – ein langer, komplexer Schädelnerv, der vom Gehirn aus durch den Kopf und den Oberkörper führt und im Bauch endet –, um den Herzschlag zu verlangsamen. Wenn das Kind einatmet, wird dieses Signal schwächer und der Herzschlag beschleunigt sich. Einige Wissenschaftler nennen den Vagusnerv den wichtigsten Nerv im Körper, weil er Funktionen der Emotionsregulation, der Selbstberuhigung und des sozialen Engagements unterstützt.

Bereits lange bevor Wissenschaftler diesen Zusammenhang erkannt haben, nutzten Meditierende und Yogis ihre Atmung dazu, ihr autonomes Nervensystem zu regulieren, indem sie ihre Aufmerksamkeit sanft auf die Einatmung *konzentrierten*, um Energie und Wachheit (in Vorbereitung auf Kampf oder Flucht) zu fördern, oder auf die Ausatmung, um Entspannung und Beruhigung (Erholung und Verdauung anregend) zu fördern. Dieser Zusammenhang ist auch kleinen Kindern in einem Achtsamkeitskurs aufgefallen. Nach einem kurzen Spiel zum achtsamen Atmen, das Annaka Harris anleitete (eine der Ersten, die Achtsamkeit und Meditation in Schulen unterrichtete), sagte ein achtjähriger Schüler der *Toluca-Lake*-Grundschule in Toluca Lake, Kalifornien: „Ich habe bemerkt, dass mein Herz schnell schlägt, wenn ich einatme, und langsam, wenn ich ausatme."

Das folgende Spiel, bei dem die Ausatmung betont wird, empfinden viele Kinder als beruhigend.

Absichtsvoll atmen: Die kühlende Ausatmung

Wenn wir uns auf eine lange Ausatmung konzentrieren, kann uns das helfen, uns zu entspannen und ruhig zu werden.

LEBENSKOMPETENZEN:	ZIELALTER:
Sich konzentrieren, zur Ruhe kommen	Jedes Alter

SPIELANLEITUNG

1. Setzt euch mit geradem Rücken und entspanntem Körper hin und lasst eure Hände sanft auf euren Knien ruhen. Atmet natürlich, während ich die Länge von Ein- und Ausatmung zähle. *Zählen Sie laut. Passen Sie dabei die Geschwindigkeit an den natürlichen Rhythmus der Atmung der Kinder an.*
2. Atmet jetzt zwei Takte lang ein und vier Takte aus. *Während die Kinder ihre Ausatmung auf vier Takte verlängern, passen Sie die Geschwindigkeit des Zählens so an, dass sie mit der Geschwindigkeit der Atmung übereinstimmt. (Es gibt eine natürliche Pause zwischen der Einatmung und der Ausatmung.) Fahren Sie einige Atemzüge lang fort.*
3. Lasst uns zur natürlichen Atmung zurückkehren.

TIPPS

1. Variieren Sie dieses Spiel, indem Sie die Kinder bitten, sich auf eine lange Einatmung zu konzentrieren, mit dem Effekt, dass sie sich wahrscheinlich wacher fühlen werden. Folgen Sie den Anleitungen für *Die kühlende Ausatmung,* verlängern Sie aber anstelle der Ausatmung die Einatmung (die Kinder atmen vier Takte lang ein und zwei Takte lang aus).

2. Üben Sie das *Absichtsvolle Atmen* mit den Kindern, wenn sie ein wenig freie Zeit haben, zum Beispiel am Abendbrottisch oder während Sie im Stau stehen. Wenn sie verstehen, dass die Verlängerung ihrer Ausatmung sie beruhigen kann, können die Kinder ihre Ausatmung dazu nutzen, ihren Geist und ihren Körper *zur Ruhe kommen* zu lassen. Auf ähnliche Weise können sie eine lange Einatmung für einen belebenden Effekt nutzen.
3. *Absichtsvoll atmen* lässt sich leichter mit einem einzelnen Kind üben als in einer Gruppe.

Wenn die Kinder oder Jugendlichen ängstlich oder wütend sind, regen Sie sie dazu an, „ein wenig ein- und ganz viel auszuatmen" und beim Ausatmen einen weichen, zischenden Ton zu machen. Wenn ein Kind schluchzt und um Atem ringt, bitten Sie es, den Zeigefinger zu heben und so zu tun, als sei er eine Kerze. Regen Sie es an, durch die Nase einzuatmen, als ob es „an einer Blume riechen" wolle, und dann „die Kerze auszupusten", indem es die Lippen schürzt und ausatmet. Lassen Sie das Kind so langsam und sanft pusten, dass die imaginäre Flamme nur aufflackert und nicht ganz erlischt. Es kann einige Atemzüge bis zu einigen Minuten dauern, bis sich die Atmung wieder normalisiert hat.

Es ist nicht wichtig, ob die Kinder sitzen, liegen oder stehen, während sie Achtsamkeit und Meditation praktizieren. Was hingegen wichtig ist, ist, dass in jeder Haltung ihre Wirbelsäule relativ gerade ist und ihre Muskeln relativ entspannt sind. Das folgende Spiel führt jüngere Kinder durch eine Bewegungssequenz, die im Sitzen oder Stehen endet. *Den Reißverschluss hochziehen* ist, wie einige weitere Bewegungsaktivitäten in diesem Buch, durch die Arbeit der Tanz- und Bewegungstherapeutin Dr. Suzi Tortora inspiriert, eine Freundin und Kollegin und Autorin von *The Dancing Dialogue*. Ältere Kinder und Jugendliche bitte ich eher, mit geradem Rücken und entspannten Muskeln zu sitzen oder zu stehen, anstatt den Reißverschluss hochzuziehen.

Den Reißverschluss hochziehen

Wir stellen uns vor, dass es an unserem Körper einen Reißverschluss gibt, den wir hochziehen. Auf diese Weise können wir unseren Rücken gerade und die Muskeln entspannt halten.

LEBENSKOMPETENZEN:
Sich konzentrieren

ZIELALTER:
Jüngere Kinder

SPIELANLEITUNG

1. Lasst uns so tun, als ob wir einen Reißverschluss hätten, der von unten nach oben über unseren Körper führt, vom Bauchnabel bis zum Kinn, und der uns dabei hilft, gerade und aufrecht zu sitzen oder zu stehen.
2. Ohne euren Körper zu berühren, bringt eine Hand vor euren Bauchnabel und die andere Hand vor euren unteren Rücken, so wie ich es mache.
   Zeigen Sie die Übung, indem Sie eine Hand vor Ihren Bauchnabel und die andere Hand vor Ihren unteren Rücken legen.
3. Okay, lasst uns unseren Reißverschluss hochziehen: Ziiippp.
   Machen Sie es vor, indem Sie Ihre Hände an Ihrer Wirbelsäule und Ihrer Brust entlang nach oben bewegen, an Ihrem Kinn und Ihrem Kopf vorbei, bis Ihre Hände in der Luft sind.
4. Nachdem wir den Reißverschluss zugemacht haben, lasst uns jetzt mit geradem und aufrechtem Körper gemeinsam einige Atemzüge nehmen.

TIPPS

1. Erweitern Sie das Spiel, indem Sie am Ende einen stummen Beifall hinzufügen, während die Kinder die Hände noch in der Luft haben.
2. Erweitern Sie das Spiel mit Bewegungen, die denen im Lied „Kopf, Schultern, Knie und Zehen" ähneln. Bitten Sie die Kinder, Sie anzuschauen und Ihren Bewegungen zu folgen, ohne zu sprechen – sie sollen nur zusehen, zuhören und die Bewegungen nachahmen. Sitzen oder stehen Sie aufrecht, ohne etwas zu sagen, und während die Kinder Ihnen folgen, berühren Sie Ihren Kopf mit beiden Händen, dann Ihre Nase, Ihre Schultern, Ihren Bauch, und wenn Sie möchten, auch Ihre Knie und Ihre Zehen. Um das Spiel ein wenig schwieriger zu machen, können Sie die Reihenfolge ändern und die Geschwindigkeit erhöhen. Wenn Sie zwischen großen und kleinen, schnellen und langsamen Bewegungen abwechseln, haben die Kinder Gelegenheit, Konzentration und Selbstkontrolle zu üben.

Wenn die Kinder mit geradem Rücken und entspannten Muskeln stehen oder sitzen, sind sie gut auf die achtsamen Spiele vorbereitet. Hier ist eines, das jüngeren Kindern hilft, wahrzunehmen, wie unterschiedliche Formen der Atmung sich darauf auswirken können, wie sie sich in ihrem Geist und ihrem Körper fühlen. Bei diesem Spiel benötigen Sie für jedes Kind und sich selbst ein Windrädchen.

Windrädchen

Wir pusten auf ein Windrädchen und können erleben, dass verschiedene Formen der Atmung – schnell, langsam, tief und flach – sich darauf auswirken, wie wir uns geistig und körperlich fühlen.

LEBENSKOMPETENZEN:
Sich konzentrieren, wahrnehmen

ZIELALTER:
Jüngere Kinder

SPIELANLEITUNG

1. Setzt euch mit geradem Rücken und entspanntem Körper hin. Nehmt euer Windrädchen in die Hand.
2. Jetzt pusten wir mit langen, tiefen Atemzügen auf unsere Windrädchen und nehmen wahr, wie wir uns fühlen.
   Gesprächsthemen: Fühlt sich euer Körper ruhig und entspannt an? Fällt es euch eher leicht oder schwer, still zu sitzen, nachdem ihr tief geatmet habt?
3. Lasst uns jetzt mit kurzen, schnellen Atemzügen auf unsere Windrädchen pusten.
   Gesprächsthemen: Wie fühlt sich euer Körper jetzt an? Fühlt ihr euch nach dem schnellen Atmen genauso wie nach dem langsamen Atmen?
4. Lasst uns jetzt auf unsere Windrädchen pusten und dabei normal atmen.
   Gesprächsthemen: Fiel es euch leicht, euren Geist bei der Atmung zu halten, oder wart ihr abgelenkt?

TIPPS

1. Leiten Sie ein längeres Gespräch über die verschiedenen Formen der Atmung an: *Fällt euch eine Situation im Alltag ein, in der tiefes Atmen nützlich sein könnte?* (Vielleicht um sich zu beruhigen, wenn ihr wütend seid, oder um euch zu helfen, euch zu konzentrieren.) *Wie ist es mit dem schnellen Atmen?* (Vielleicht wenn ihr müde seid und euch ein wenig frischer fühlen möchtet.)
2. Wenn Sie mehrere Kinder anleiten, bitten Sie sie, ihre Windrädchen vor den Gesprächsrunden abzulegen.

Im nächsten Abschnitt lernen die Kinder Strategien kennen, um *zur Ruhe zu kommen*, bei denen sie ihre Aufmerksamkeit von den Gedanken an das, was sie aufwühlt, ablenken und auf den gegenwärtigen Moment richten – auf eine Empfindung (etwas, das sie hören, sehen, schmecken, berühren oder riechen), auf ein Wort (Atemzüge zählen) oder auf eine Aufgabe. Sollten Sie schon einmal mit den Händen einen Stressball gedrückt oder einen Sorgenstein gerieben haben, so kennen Sie die Strategie, sich – statt auf die Gedanken – auf die Empfindungen zu konzentrieren. Viele Kinder erzählen, dass diese Methoden beruhigend auf sie wirken, was ein Zeichen dafür sein könnte, dass die Kampf-oder-Flucht-Reaktion im Nervensystem nachlässt und die Ruhe- und Verdauungsreaktion stärker wird.

2

ANKER FÜR DIE AUFMERKSAMKEIT

Häufig regt man Kinder dazu an, über ein Problem nachzudenken, um es zu lösen. Wenn sie aber ohnehin schon gestresst und ängstlich sind, verstärken Sorgen und endloses Grübeln die Stressreaktion des Körpers jedoch nur noch mehr. Diese gesteigerte Stressreaktion lässt sich herunterfahren, indem die Kinder wahrnehmen, wenn ihr Körper ihnen signalisiert, dass ängstliche Gedanken und Gefühle überhandnehmen. Dann können sie sich entspannen und sich auf einen einfachen, neutralen Gegenstand *konzentrieren*, um ihre Aufmerksamkeit zu verankern. Der am häufigsten verwendete Anker sind die mit der Atmung einhergehenden Empfindungen – vielleicht weil man den Atem immer dabei hat. Dabei kann es besonders beruhigend und besänftigend sein, eine Hand auf das Herz zu legen und zu spüren, wie sich die Brust auf und ab bewegt, während man atmet. Diese Anregung stammt aus dem Kurs für achtsames Selbstmitgefühl, der von den Psychologen und Wissenschaftlern Dr. Christopher Germer und Dr. Kristin Neff entwickelt wurde. In dem Buch *Der achtsame Weg zum Selbstmitgefühl* erklärt Christopher Germer, warum Anker für die Aufmerksamkeit wichtig sind, vor allem dann, wenn wir es mit intensiven Gefühlen zu tun haben. So erklärt er, dass mentales Leiden vor allem dann entsteht, wenn unser Geist von einem Thema zum nächsten springt, was äußerst anstrengend ist, oder wenn wir mit unglücklichen Gedanken und Gefühlen beschäftigt sind. Wenn wir bemerken, dass der Geist das tut, müssen wir ihm einen Anker geben – einen neutralen und unerschütterlichen Ort, an den er gehen kann. Meditation wird oft mit stillem Sitzen assoziiert. Stillzuhalten kann für Kinder und Jugendliche jedoch schwierig sein, insbesondere dann, wenn sie gestresst oder ängstlich sind oder wenn ihr Geist sehr aktiv ist. Nicht zuletzt aus diesem Grund sind achtsame Spiele, bei denen die Kinder gehen, sich strecken und schütteln, ausgesprochen nützlich. Sie machen nicht nur Spaß, sie bieten den Kindern zudem eine Gelegenheit, Unterschiede darin wahrzunehmen, wie sich Geist und Körper vor und nach der Bewegung anfühlen. Dr. Peter Levine erklärt in seinem Buch *Kinder vor seelischen Verletzungen schützen (Trauma-Proofing Your Kids)*, dass strukturierte körperliche Aktivitäten eine wirkungsvolle Möglichkeit sind, überschüssige Energie freizusetzen, insbesondere dann, wenn sie so gestaltet sind, dass Phasen starker energiegeladener Anregung mit gleich langen Phasen des Ausruhens einander abwechseln, so dass die Kinder genügend Zeit haben, zur Ruhe zu kommen. Während beider Phasen (Anregung und zur Ruhe kommen) wird dann überschüssige Energie von selbst entladen. Im folgenden Spiel gibt es sowohl Phasen der Bewegung als auch Phasen des Zur-Ruhe-Kommens, was möglicherweise der Grund dafür ist, dass die Kinder berichten, dass *Rütteln und schütteln* ihnen hilft, sich zu beruhigen, wenn sie sehr aufgeregt oder wütend sind.

Empfindungen existieren auf einem Spektrum von sehr schwach bis sehr stark; die stärksten Empfindungen nennt man „grob“ und die subtilsten, wenig überraschend, „subtil“. Auf grobe Empfindungen kann man sich einfacher konzentrieren als auf subtile. Die schnellen Bewegungen in dem Spiel *Rütteln und schütteln* sind ein Beispiel für grobe sensorische Anker. Die Konzentration auf eine grobe Empfindung ist eine clevere Strategie, um zur Ruhe zu kommen, da grobe sensorische Anker die Aufmerksamkeit der Kinder leichter von sehr aufgeladenen Gedanken und Gefühlen wegbringen, als subtile Empfindungen es können. In einem späteren Abschnitt zum Thema *sich konzentrieren* wird beschrieben, wie die Kinder ihre Aufmerksamkeit verfeinern und weiterentwickeln können, indem sie genau auf die subtilen Empfindungen achten, während Geist und Körper in Ruhe sind.

Rütteln und schütteln

Wir schütteln unseren Körper zum Klang einer Trommel, um Energie freizusetzen und uns besser konzentrieren zu können.

LEBENSKOMPETENZEN:
Sich konzentrieren, zur Ruhe kommen

ZIELALTER:
Jedes Alter

SPIELANLEITUNG

1. Lasst uns so tun, als würden wir Zauberkleber auf unsere Fußsohlen streichen und diese dann auf dem Boden festkleben.
   Tun Sie so, als ob Sie Kleber auf die Sohle eines Fußes streichen, und stampfen Sie auf den Boden auf; machen Sie dann das Gleiche mit dem anderen Fuß. Die Kinder machen es Ihnen nach.

2. Könnt ihr mit den Knien wackeln und die Fußsohlen gleichzeitig flach auf dem Boden halten?
   Wackeln Sie mit den Knien, während Sie Ihre Fußsohlen flach auf dem Boden halten, als ob sie festgeklebt wären.
3. Lasst uns unseren Körper zum Klang der Trommel bewegen und unsere Füße auf den Boden geklebt halten. Macht große Bewegungen, wenn ihr lautes Trommeln hört.
   Trommeln Sie laut. Machen Sie die Bewegungen vor, so gut Sie können, während Sie trommeln.
4. Macht kleine Bewegungen, wenn ihr leises Trommeln hört.
   Trommeln Sie leise. Machen Sie die Bewegungen vor, so gut Sie können, während Sie trommeln.
5. Was macht ihr, wenn ihr schnelles Trommeln hört?
   Trommeln Sie schnell, die Kinder antworten: „Schnell bewegen."
6. Und wenn ihr langsames Trommeln hört?
   Trommeln Sie langsam, die Kinder antworten: „Langsam bewegen."
7. Versucht, dem Klang zu folgen, und wenn das Trommeln aufhört, haltet ganz still.
   Wechseln Sie zwischen schnellem und langsamem, lautem und leisem Trommeln hin und her. Die Kinder halten still, wenn das Trommeln aufhört.
8. Lasst uns entspannen und ein paar Augenblicke lang unseren Atem spüren, dann spielen wir das Spiel noch einmal.
   Leiten Sie die Abfolge noch einmal an, nachdem die Kinder Zeit hatten, sich zu beruhigen.

TIPPS

1. Wenn Sie keine Trommel haben, können Sie auch auf Ihre Oberschenkel schlagen, um einen Trommelklang zu erzeugen.

2. Nutzen Sie das Schütteln, um eine längere Phase des Stillsitzens zu beenden.
3. Lassen Sie auch die Kinder anführen und sich dabei abwechseln.
4. *Rütteln und schütteln* kann im Sitzen (an Tischen oder in einem Kreis auf dem Boden) oder im Stehen gespielt werden.
5. In manchen Situationen ist Schütteln nicht angebracht. In diesen Situationen sind ein langsames Schwingen von Seite zu Seite oder das Drücken eines Kissens nützliche sensorische Anker, die den Kindern helfen, sich zu beruhigen.
6. Andere Sinneserfahrungen, die Kinder und Eltern oft zur Beruhigung nutzen, sind hin und her schaukeln, sich an den Händen halten, sich umarmen und singen.

Leichte Bewegung im Wechsel mit Ruhephasen zum Freisetzen überschüssiger Energie hilft allen Menschen, ihr Nervensystem zu beruhigen, nicht bloß Kindern. Tsokyni Rinpoche, Autor von *Öffne dein Herz und lausche* und tibetischer Lehrer mit einem bemerkenswerten Verständnis der westlichen Psyche, nutzt dies, wenn er Erwachsenen Meditation lehrt. (Für den Fall, dass Sie nicht mit dem Wort *Rinpoche* vertraut sind: Es handelt sich dabei um einen Ehrentitel, der in der tibetischen Sprache darauf hinweist, dass es sich bei einem Lehrer um einen vollendeten Meditierenden handelt.) Rinpoches Vater, der verstorbene Tulku Urgyen Rinpoche, wurde in Tibet geboren und ließ sich später mit seiner Frau in Nepal nieder. Er war einer der großen Meditationsmeister der modernen Zeit, und inzwischen sind auch all seine vier Söhne bekannte Meditationslehrer. Ich habe das Glück, zwei von ihnen meine Lehrer nennen zu dürfen – Tsokyni Rinpoche und seinen Bruder Yongey Mingyur Rinpoche, der zudem Autor sowie Gründer und leitender Lehrer der Tergar-Meditationsgemeinschaft ist.

Als ich zum ersten Mal an Tsokyni Rinpoches Unterricht teilnahm, begann er das einwöchige Retreat mit einer Bewegungspraxis, die uns unterstützen sollte, uns in unseren Körper und in unsere Gefühle hinein zu entspannen. Während wir mit geradem Rücken und entspanntem Körper dasaßen, bat er uns, die Arme auf Schulterhöhe zu heben und zu schütteln. Auf sein Zeichen hin sollten wir kräftig ausatmen und Arme und Hände fallen lassen. Mit den Händen auf den Knien ruhten wir uns einen Augenblick lang aus, ohne zu versuchen, unsere Gedanken und Gefühle zu kontrollieren. Rinpoche wiederholte die Übung noch einige Male und bat uns wieder, unsere Arme und Hände zu schütteln, sie abrupt fallen zu lassen und dann auszuruhen. In einem Artikel, der später in der Zeitschrift *Lion's Roar* veröffentlicht wurde, erklärt er: „Was auch immer geschieht, wo auch immer Sie landen, nachdem Sie Ihre Arme fallen gelassen haben, lassen Sie es einfach zu. Tun Sie nichts, und versuchen Sie nicht, etwas zurückzuhalten. Ruhen Sie sich einfach aus. Es ist nicht notwendig, nach etwas Neuem zu suchen oder zu versuchen, irgendeine besondere Einsicht oder einen Zustand zu erzielen. Spüren Sie, welche Gefühle und Empfindungen entstehen, und seien Sie sich ihrer bewusst. Spüren Sie sie auf natürliche und sanfte Art, und versuchen Sie nicht, irgendetwas zu verändern. Wenn unangenehme Gefühle aufkommen, können Sie sich entspannen und ihnen vertrauen, ohne sie zu analysieren oder verstehen zu wollen." Angesichts dessen, was wir über das Nervensystem wissen, ist es nachvollziehbar, dass Rinpoches Übung beruhigend wirkt. Sie besteht aus kurzen Phasen der Anregung und des Ausruhens und betont die Ausatmung – drei Strategien, die wahrscheinlich zusammenwirken, um überschüssige Energie freizusetzen und jenen Zweig des autonomen Nervensystems zu aktivieren, der fürs Ausruhen und Verdauen zuständig ist.

Rinpoches Anleitung, sich auszuruhen und dabei alle Gefühle, die sich zeigen, zuzulassen, ohne sie zu analysieren oder zu versuchen, sie zu verstehen, ist eine weitere achtsamkeitsbasierte Strategie, die eine gesteigerte Stressreaktion mildern kann. Jüngere Kinder sind in ihrer Entwicklung noch nicht so weit, dass sie das Nachdenken über ihre Gedanken und Gefühle unterlassen könnten, aber ältere Kinder und Jugendliche können es versuchen, auch wenn es sich manchmal kontraintuitiv anfühlt.

Anhand einer Glitzerkugel (oder, wenn man keine zur Verfügung hat, einer Schneekugel oder auch eines Glas Wassers mit Backpulver darin) können die Kinder bei der folgenden Demonstration besser verstehen, wie sich eine gesteigerte Stressreaktion regulieren lässt. Darin kommt eine erprobte zweischrittige Strategie zum Einsatz: sich sanft auf einen einfachen, neutralen Gegenstand *konzentrieren*, um die Achtsamkeit zu verankern, und die Gedanken und Gefühle in Ruhe lassen. Die Glitzerpartikel in der Kugel stehen für Stress und intensive Gefühle. Wenn man die Kugel schüttelt, wirbeln die Partikel umher und lassen das Wasser trüb werden. Wenn man die Kugel in Ruhe lässt, klärt sich das Wasser langsam.

Dieses visuelle Experiment – äquivalent dazu, sich erst ruhig und klar, dann gestresst und überfordert und schließlich wieder ruhig zu fühlen – hilft den Kindern, das Geschehen in der Kugel mit den Vorgängen in ihrem Geist und Körper in Verbindung zu bringen.

Klar sehen

Wir schütteln eine Glitzerkugel, um den Zusammenhang zwischen dem, was in unserem Geist geschieht, und dem, was in unserem Körper vor sich geht, besser zu verstehen.

LEBENSKOMPETENZEN:	ZIELALTER:
Sich konzentrieren, wahrnehmen	Jedes Alter

SPIELANLEITUNG

1. *Gesprächsthemen: Könnt ihr beschreiben, wie sich euer Körper anfühlt, wenn ihr gestresst seid? Könnt ihr beschreiben, was in eurem Geist los ist, wenn ihr gestresst seid? Wenn ihr euch gestresst fühlt, könnt ihr dann klar denken?*
2. Wenn die Kugel still ist, wie jetzt gerade, könnt ihr dann durch das Wasser die andere Seite sehen?
3. Was wird wohl geschehen, wenn ich die Kugel schüttele? Werdet ihr durch das Wasser hindurchsehen können?
   Schütteln Sie die Kugel. Die Glitzerpartikel wirbeln umher und das Wasser wird trüb.
4. Legt jetzt eine Hand auf den Bauch und spürt eure Atmung.
   Hören Sie auf, die Kugel zu schütteln. Die Glitzerpartikel setzen sich ab.
5. Könnt ihr jetzt durch das Wasser hindurchsehen?
6. Ist der Glitzer weg? Nein, er ist noch da. Mit unseren Gedanken ist es genauso. Unser Geist kann so beschäftigt sein, dass wir nicht klar denken können. Aber wenn wir unsere Atmung spüren und unsere Gedanken in Ruhe lassen, beruhigen sie sich und wir können wieder klar denken.
7. Lasst es uns noch einmal versuchen.
   Wiederholen Sie die Demonstration.

TIPPS

1. Es ist hilfreich, vorher mit einer kurzen Phase körperlicher Aktivität ein wenig Energie zu erzeugen, damit die Kinder während der Demonstration spüren können, wie sie zur Ruhe kommen. Wenn sie bereits vor der Demonstration konzentriert, ruhig und entspannt sind, werden sie sich danach vermutlich nicht wirklich anders fühlen.
2. Bei der Meditation geht es nicht darum, den Geist leer zu machen und die Gedanken loszuwerden, obwohl das manche Kinder glauben. Es kann auch vorkommen, dass die Kinder glauben, es sei „schlecht", Gedanken zu haben, während sie meditieren. Wenn Sie deutlich machen, dass Gedanken und Gefühle etwas Schönes sind, genau wie das Glitzern, das durch die Kugel wirbelt, können die Kinder verstehen, dass selbst schöne Gedanken ablenkend sein können.
3. Wenn ein jüngeres Kind sehr aufgeregt oder wütend ist, geben Sie ihm mit Worten wie, „Versuche, den Glitzer zur Ruhe kommen zu lassen", einen sanften Hinweis, sich auf die Atmung zu konzentrieren, insofern es diese Metapher versteht.
4. Weisen Sie darauf hin, dass Meditation den Alltagsstress nicht verschwinden lässt, genauso wie der Glitzer nicht verschwindet, wenn er sich am Boden der Kugel absetzt. Zwar bringt die Meditation Stress nicht völlig zum Verschwinden, aber sie kann uns helfen, mit Stress umzugehen, indem wir lernen, uns zu entspannen und unseren Geist zur Ruhe zu bringen, wenn wir sehr aufgeregt oder wütend sind. Dann können wir klar sehen, was in uns und um uns herum geschieht.

Die Methoden, um *zur Ruhe zu kommen,* nützen wenig, wenn die Kinder den Zusammenhang zwischen ihren Gedanken und ihrem Befinden nicht erkennen. Das folgende Spiel ermöglicht auch Skeptikern, die Verbundenheit von Körper und Geist am eigenen Leib zu erfahren, indem sie sich vorstellen, dass sie in eine Zitrone beißen. Allein der Gedanke daran, in eine Zitrone zu beißen, bringt die Kinder normalerweise dazu, den Mund verziehen, selbst wenn weit und breit keine Zitrone in Sicht ist.

Der Geschmack von Zitronen

Wir stellen uns vor, in eine Zitrone zu beißen, und können so den Zusammenhang zwischen dem, was in unserem Geist geschieht, und dem, was in unserem Körper vor sich geht, besser verstehen.

LEBENSKOMPETENZEN:	ZIELALTER:
Sich konzentrieren, wahrnehmen	Ältere Kinder, Jugendliche

SPIELANLEITUNG

1. *Gesprächsthemen: Können eure Gedanken etwas daran ändern, wie sich euer Körper anfühlt? Können die Empfindungen in eurem Körper eure Gedanken ändern? Können eure Gefühle etwas daran ändern, wie sich euer Körper anfühlt? Können die Empfindungen in eurem Körper etwas an euren Gefühlen ändern?*
2. Legt eure Hände auf den Knien ab, setzt euch mit geradem Rücken und entspanntem Körper hin und schließt eure Augen.
3. Stellt euch vor, dass ihr an einem Küchentisch sitzt. Vor euch liegt eine Zitrone. Stellt euch vor, dass ihr die Zitrone in die Hand nehmt. Stellt euch vor, wie sie nass und kalt in eurer Hand liegt. Stellt euch vor, dass ihr die Zitrone in zwei Hälften schneidet,

eine Hälfte in die Hand nehmt, an der Zitrone riecht und dann in sie hineinbeißt. Was geschieht in eurem Mund?

4. *Gesprächsthemen: Hat euer Körper auf den Gedanken, in eine Zitrone zu beißen, reagiert, so als ob ihr das wirklich tun würdet? Ist das ein Beispiel für die Verbundenheit von Geist und Körper? Könnt ihr weitere Beispiele für die Verbundenheit von Geist und Körper nennen?*

TIPPS

1. Wenn die Kinder erst einmal verstehen, was Sie mit „Verbundenheit zwischen Geist und Körper" meinen, werden sie von selbst weitere Verbindungen zwischen Geist und Körper bemerken. Bitten Sie die Kinder, einige davon zu nennen.
2. Wenn Sie mit mehreren Kindern spielen, können Sie das Spiel *Die kleine Fingeranzeige* nutzen, um ihnen zu verdeutlichen, dass andere Menschen ähnlich auf Stress reagieren.
3. Wenn die Kinder einer angeleiteten Visualisierung zuhören, kann es passieren, dass sie eher über die Visualisierung nachdenken, anstatt sie wirklich mitzumachen. Das Nachdenken bringt sie vom gegenwärtigen Moment weg, und es erklärt, warum nicht jeder eine körperliche Reaktion verspürt. Das wird sich mit ein wenig Übung wahrscheinlich ändern; wenn die Zitronen-Visualisierung also nicht auf Anhieb klappt, versuchen Sie es einfach an einem anderen Tag noch einmal.

Die Spiele *Der Geschmack von Zitronen* und *Klar sehen* liefern eine konzeptuelle Grundlage für Gespräche über Stress und emotionale Notlagen sowie darüber, wie man ihren negativen Folgen entgegenwirken kann. Wenn ich Kinder und Jugendliche nach Beispielen dafür frage, wie ihr Geist auf ihren Körper wirkt, berichten sie oft, dass sie Magenschmerzen haben, wenn sie Angst haben, oder dass sie nicht gut schlafen, wenn sie sich Sorgen machen oder sehr aufgeregt sind. Weil es sie beruhigen kann, zu wissen, dass sie mit diesen Erfahrungen nicht allein sind, finde ich es hilfreich, ihnen von meinen eigenen ähnlichen Erfahrungen zu erzählen. Wenn Sie Beispiele von Verbindungen zwischen Geist und Körper geben, vergessen Sie nicht, auch Gedanken und Gefühle zu nennen, die dafür sorgen, dass man sich *gut* fühlt. Dies bereitet den Boden für ähnliche Gespräche in Zusammenhang mit den Phantasiereisen zum Thema „Freundlichkeit", die weiter hinten in diesem Buch beschrieben werden.

Teil zwei

Wahrnehmen und umdeuten

Zwei junge Fische schwimmen gemeinsam im Fluss. Zufällig begegnen sie einem älteren Fisch, der in die Gegenrichtung schwimmt und ihnen zunickt: „Morgen, Jungs. Wie ist das Wasser?“ Die beiden jungen Fische schwimmen weiter. Nach einer Weile sieht der eine den anderen an und fragt: „Was zum Teufel ist Wasser?“

Der Clou an dieser Geschichte, die David Foster Wallace zu Beginn seiner Abschlussrede 2005 vor den Absolventen des Kenyon College hielt, ist, dass die offensichtlichsten und grundlegendsten Tatsachen des Lebens häufig die sind, die am schwierigsten zu sehen und zu besprechen sind. Ich musste an Wallaces Fischgeschichte denken, als ich für eine Forschungsstudie an der *University of California, Los Angeles* (UCLA), in Kindertagesstätten für kleine Kinder unterrichtete und auf der Tafel eines Vorschulklassenzimmers das Wort *Atmosphäre* geschrieben sah. Ich fragte die Leiterin, Gay MacDonald, ob das Wort Atmosphäre nicht über den Horizont meiner vierjährigen Schüler hinausginge. Sie aber erinnerte mich daran, dass kleine Kinder große Begriffe lernen können, wenn sie in einem angemessenen Kontext gelehrt werden. Die großen Konzepte, die sich durch ein kontemplatives Training ziehen, kann man auf einfache Weise erklären und spielerisch unterrichten, selbst wenn sie nicht der Entwicklungsphase der Kinder entsprechen. Genau wie die beiden jungen Fische in Wallaces Geschichte fröhlich in etwas herumschwimmen, das sie nicht benennen können, verkörpern Kinder fröhlich Qualitäten wie Weisheit und Mitgefühl, die sie konzeptuell noch nicht verstehen. Und viele von uns, die seit langem Meditation praktizieren, müssen bescheiden zugeben, dass so manche dieser Qualitäten auch unser eigenes konzeptuelles Verständnis übersteigen.

Meditation ähnelt in so mancher Hinsicht der Gartenarbeit, zum Beispiel darin, wie wichtig Vorbereitung ist. Der größte Fehler, den unerfahrene Gärtner machen, besteht darin, die Samen auszusäen, bevor sie den Boden vorbereitet haben. Genauso wie es ausdauernde körperliche Anstrengung erfordert, vor dem Pflanzen Steine aus den Gartenbeeten zu entfernen, erfordert es ausdauernde geistige Anstrengung, Muster in Gedanken und Verhaltensweisen freizulegen, die Leiden verursachen. Und sogar noch mehr ausdauernde Anstrengung ist erforderlich, um etwas an ihnen zu ändern. Die Veränderung von Mustern und Verhaltensweisen erfordert eine Veränderung in unserer Haltung dem Leben gegenüber – und meistens ist das ein langer und holpriger Prozess. Das ist jedoch kein Grund zur Entmutigung. Die Kinder müssen sich nur daran erinnern, dass es hilfreicher ist, sich dieser inneren Arbeit mit zarter Hand und Sinn für Humor zu nähern, anstatt mit dem geistigen Äquivalent einer Hacke, mit der ein Gärtner Steine aus der Erde entfernt.

3

EIN OFFENER GEIST

Mein inzwischen erwachsener Sohn erzählte mir, dass die folgende Geschichte für ihn immer noch eine hilfreiche Erinnerung daran ist, dass wir nie sicher wissen können, was als Nächstes geschehen wird:

Ein Vater und sein Sohn wachen eines Morgens auf und müssen feststellen, dass ihr Pferd davongelaufen ist. Das spricht sich schnell herum, und als die Nachbarin die Neuigkeit hört, ruft sie aus: „Was für ein Pech!“ Der Bauer erwidert: „Wir werden sehen.“

Das Pferd kommt zurück und bringt einen prachtvollen Hengst mit. Die Nachbarin ruft aus: „Wie wunderbar!“ Und der Bauer sagt: „Wir werden sehen.“

Der Sohn des Bauers steigt auf den Hengst, aber das Pferd bäumt sich auf, und bei dem Versuch, es zu zügeln, wird der Sohn zu Boden geworfen. Er bricht sich ein Bein. Die Nachbarin ruft aus: „Wie schrecklich!“ Wieder antwortet der Bauer: „Wir werden sehen.“

Ein Krieg bricht aus, und die jungen Männer im Dorf werden in die Armee eingezogen, doch der Sohn des Bauern wird zurückgelassen, weil er ein gebrochenes Bein hat. Die Nachbarin beglückwünscht den Bauern, doch dieser zuckt mit den Schultern: „Wir werden sehen.“

Achtsamkeit und Meditation helfen den Kindern – und ihren Eltern ebenso –, besser mit Komplexität und Ungewissheit zurechtzukommen, so wie der Bauer in dieser Geschichte. Viele von uns empfinden dies als Erleichterung. Joseph Goldstein, zukunftsweisender amerikanischer Meditationslehrer und Mitbegründer der *Insight Meditation Society*, hielt einmal einen Vortrag in Los Angeles, in dem er über seinen Versuch sprach, Widersprüchlichkeiten zwischen zwei kontemplativen Denkschulen zu entwirren. Goldstein erzählte dem dicht gedrängten Publikum, er habe große Anstrengungen unternommen, um herauszufinden, welche der beiden Ansichten korrekt war, bis ihm klar geworden sei, dass nicht die eine richtig und die andere falsch sein müsse. „Also," sagte er, „das war eine richtige Erleichterung." Sieben Jahre nach diesem Vortrag schilderte er die Erleichterung des Nicht-Wissens ausführlich in einem Artikel, der auf der Website des Fernsehsenders PBS veröffentlicht ist:

> *Wir wissen nicht viel. Wir wissen nicht viel mehr, als wir wissen. Und es ist eine Erleichterung, unsere Anhaftung an Ansichten loszulassen, unsere Anhaftung an Meinungen, besonders über Dinge, die wir nicht wissen. Ein neues Mantra nahm langsam in meinem Kopf Gestalt an: „Wer weiß?" Dieses Nicht-Wissen hat nichts mit Verunsicherung oder Verwirrung zu tun. Es ist vielmehr wie ein frischer Atemzug, eine Offenheit des Geistes. Nicht-Wissen bedeutet einfach, den Geist im Hinblick auf diese außerordentlich interessanten Fragen offen zu halten, auf die wir noch keine Antworten haben mögen.*

Wenn ältere Kinder, insbesondere Jugendliche, sich damit anfreunden, nicht auf alles eine Antwort zu haben, kann die negative Konnotation, die Nicht-Wissen normalerweise hat, sich umkehren. Wenn sie nicht länger das Bedürfnis haben, sofort eine Antwort zu finden, sind die Kinder in der Lage, entspannter auf das zu reagieren, was geschieht. Dann sind sie empfänglicher für andere Sichtweisen und neugierig darauf, was sie wohl hinter der nächsten Ecke erwarten mag. Dasselbe gilt für Eltern. Myla Kabat-Zinn und ihr Mann Dr. Jon Kabat-Zinn sprechen in ihrem Buch über Elternschaft, *Mit Kindern wachsen,* über die Vorteile eines offenen Geistes. Jon Kabat-Zinn ist der Pionier der säkularen Achtsamkeitsbewegung. Er hat an der medizinischen Fakultät der Universität von Massachusetts das Programm *Stressreduktion durch Achtsamkeit* (Mindfulness-Based Stress Reduction, kurz: MBSR) entwickelt und zahlreiche Bücher über Achtsamkeit verfasst. Er und seine Frau schreiben:

> *Achtsame Elternschaft beinhaltet, sich daran zu erinnern, was wirklich wichtig ist, während wir mit unseren Kindern den Aktivitäten des täglichen Lebens nachgehen. Oftmals stellen wir dann fest, dass wir uns daran erinnern müssen, was das ist, oder sogar zugeben müssen, dass wir im Augenblick keine Ahnung haben, da wir den Faden, den Sinn und die Richtung in unserem Leben so leicht verlieren. Aber sogar in den aufreibenden, manchmal schrecklichen Momenten als Eltern können wir bewusst einen Schritt zurücktreten und von vorne anfangen und uns fragen, wie zum ersten Mal und mit frischem Blick: „Was ist hier wirklich wichtig?"*

Jede Erfahrung ist einzigartig, und die Ursachen und Umstände, die einen jeden Moment hervorbringen, sind unzählig. Selbst wenn die Kinder eine Erfahrung aus allen erdenklichen Blickwinkeln betrachten, so gut es ihnen möglich ist, können sie niemals alle Perspektiven erfassen. In seinem Buch *Rückkehr zur Menschlichkeit* weist der Dalai Lama, das geistliche Oberhaupt Tibets, darauf hin, dass wir nie das gesamte Bild sehen, egal, wie sehr wir uns auch bemühen. Um eine Vorstellung davon zu bekommen, was er damit meint, nehmen Sie sich einen Augenblick Zeit, um über das erstaunliche Netz sich verändernder Ursachen und Umstände nachzudenken, die diesen Moment hervorgebracht haben. Wären Ihre Eltern sich nie begegnet, wären Sie nicht geboren worden. Wären Ihre Großeltern sich nicht begegnet, hätten Ihre Eltern nicht das Licht der Welt erblickt – und Sie wären ebenso wenig hier. Generation um Generation sind Ihre Vorfahren sich begegnet und haben ein Kind bekommen, das zu einem von unzähligen

Verbindungsgliedern in einer Reihe von kausalen Zusammenhängen wurde, die es schließlich möglich macht, dass Sie jetzt dieses Buch lesen. Falls Sie nicht zufällig mit mir blutsverwandt sind, bestehe ich aus Ursachen und Umständen, die einem völlig anderen Stammbaum als dem Ihren entspringen. Wenn nicht all meine Vorfahren gelebt, geliebt und Kinder bekommen hätten, könnten Sie dieses Buch nicht lesen, weil ich nicht hier wäre, um es zu schreiben. Ganz egal, ob Sie und ich nun aufgrund eines göttlichen Planes, eines zufälligen Glückstreffers oder irgendetwas dazwischen hier sind – unser Planet, mit allem und allen sich darauf Befindenden, ist ein sich permanent veränderndes, miteinander verbundenes und mysteriöses Puzzle. Der Dalai Lama findet im Hinblick auf diese potenziell überwältigenden Gedanken tröstliche Worte und sagt, dass die menschliche Urteilsfähigkeit immer unvollständig bleibt, egal, wie sehr wir uns auch bemühen. Falls wir nicht gerade hellsichtig oder allwissend sind – wie Buddha oder Gott –, würden wir nie das vollständige Bild sehen und niemals alle Ursachen kennen, die eine jede beliebige Situation bedingt haben. Genauso wenig könnten wir alle Konsequenzen unserer Handlungen voraussehen. Es würde immer irgendeinen Unsicherheitsfaktor geben. Es sei daher wichtig, dies anzuerkennen, aber wir sollten uns keine Sorgen darüber machen. Noch weniger sollte es uns veranlassen, am Wert rationaler Beurteilung zu zweifeln. Stattdessen sollte es unsere Handlungen durch angemessene Bescheidenheit und Vorsicht mäßigen. Und dass wir eine Antwort nicht kennen, könnte zugegebenermaßen manchmal auch sehr hilfreich sein.

Selbst für kleine Kinder, die das wahnwitzige Geflecht von Ursachen und Umständen, die einen jeden Moment hervorbringen, noch nicht verstehen können, ist die Ungewissheit weniger bedrohlich, wenn sie sich mit dem Gedanken anfreunden, dass sie nicht auf alle Fragen eine Antwort haben müssen. In Annaka Harris' Bilderbuch *I Wonder*, mit Illustrationen von John Rowe, gehen Eva und ihre Mutter in einer mondhellen Nacht durch den Wald. Als die Mutter Eva etwas fragt, ist Eva verlegen, weil sie die Antwort nicht weiß. Doch die Mutter beruhigt Eva: „Es ist in Ordnung, ‚ich weiß nicht', zu sagen." Schließlich wissen auch Eltern nicht auf alle

Fragen eine Antwort. Ermutigt durch ihr neu entdecktes Selbstvertrauen, lässt Eva ihrer Kreativität freien Lauf und stellt eine Frage nach der anderen: „Wie machen der Mond und die Sonne das, dass sie nahe beieinander bleiben?" – „Sind sie Freunde?" – „Wo war der Schmetterling, bevor er mich besuchen kam?" Anstatt sich angesichts der Ungewissheit schlecht zu fühlen, findet Eva die Geheimnisse des Lebens, die sie mit ihrer Mutter gemeinsam erkunden kann, nun aufregend.

Im folgenden Spiel dürfen jüngere Kinder raten, was sich in einer mysteriös aussehenden Kiste befindet. *Die geheimnisvolle Kiste* ist ein spielerisches Sprungbrett in Gespräche darüber, wie es ist, etwas Neues zu beginnen, die Antwort auf eine Frage nicht zu kennen und nicht zu wissen, was als Nächstes geschehen wird. Zur Vorbereitung füllen Sie die geheimnisvolle Kiste mit kleinen Gegenständen, so dass die Kinder es nicht sehen, und platzieren die geschlossene Kiste dann in nicht allzu weiter Distanz vor den Kindern.

Die geheimnisvolle Kiste

Wir raten, was sich in einer geheimnisvollen Kiste befindet, und nehmen wahr, wie es sich anfühlt, wenn uns eine Frage gestellt wird und wir die Antwort nicht kennen.

LEBENSKOMPETENZEN:	ZIELALTER:
Wahrnehmen, umdeuten	Jüngere Kinder

SPIELANLEITUNG

1. Lasst uns raten, was in der geheimnisvollen Kiste ist.
   Hören Sie sich die Vermutungen der Kinder an.

2. *Gesprächsthemen: Wie fühlt es sich an, nicht zu wissen, was in der Kiste ist?*
   Fühlt ihr euch aufgeregt? Frustriert? Oder anders?
3. *Nehmt die Kiste und befühlt sie, schaut sie euch an und schüttelt sie – aber öffnet sie nicht.* Habt ihr noch mehr Vermutungen darüber, was sich in ihrem Inneren befinden könnte?
   Hören Sie sich die Vermutungen der Kinder an.
4. Lasst sie uns öffnen und nachsehen.
5. *Gesprächsthemen: Wie fühlt es sich an, wenn ihr nicht wisst, was als Nächstes geschehen wird? Probiert ihr gerne neue Sachen aus oder möchtet ihr lieber nichts Neues ausprobieren? Wie ist es, mit einer Sache zu rechnen, dann aber eine andere vorzufinden? Wie fühlt ihr euch, wenn ihr auf etwas warten müsst (darauf, ein Geschenk aufzumachen, einen Freund zu Hause zu besuchen oder mit dem Schaukeln an der Reihe zu sein)?*

TIPPS

1. Vorschläge für den Inhalt der Kiste: Büroklammern, Blumen, Luftballons, Legosteine oder Radiergummis.
2. Bei sehr kleinen Kindern ist es sinnvoll, ihnen Beispiele von Dingen zu nennen, die sich in der Kiste befinden könnten, bevor sie zu raten anfangen.
3. Lassen Sie die Kinder sich dabei abwechseln, etwas in die Kiste zu legen, während die anderen raten.

Das große Bild erinnert ältere Kinder und Jugendliche daran, dass sie zwar Nachforschungen anstellen und alles, was sie in Erfahrung gebracht haben, abwägen können, bevor sie zu einer Schlussfolgerung kommen, aber mitunter trotzdem noch nicht genügend Informationen haben, um eine Frage richtig zu beantworten. Es ist hilfreich, den Kindern vor dem Spiel das folgende Bild zu zeigen, auf dem einige Menschen mit geschlossenen Augen verschiedene Teile eines Elefanten berühren.

Das große Bild

Wir stellen uns vor, wie es wäre, wenn wir raten, um was es sich bei einer Sache handelt, indem wir nur einen Teil davon mit geschlossenen Augen berühren. Wir lernen dabei, dass das, was wir glauben, von den Informationen abhängt, die wir haben.

LEBENSKOMPETENZEN:	ZIELALTER:
Wahrnehmen, umdeuten	Ältere Kinder, Jugendliche (mit einer Modifikation für jüngere Kinder)

GESPRÄCHSANLEITUNG

1. Was wäre, wenn ihr einen Teil eines Elefanten mit geschlossenen Augen berühren und raten solltet, was ihr da berührt? Könntet ihr es erraten?
   - Wenn ihr nur den *Rüssel* des Elefanten berühren würdet, was würdet ihr denken, worum es sich handelt? (Tipp: Der Rüssel des Elefanten ist lang und rund wie eine Schlange oder ein Schlauch.)
   - Wenn ihr nur ein *Bein* des Elefanten berühren würdet, was würdet ihr denken, worum es sich handelt? (Tipp: Das Bein des Elefanten ist groß und rund wie ein Baumstamm.)
   - Wenn ihr nur einen *Stoßzahn* des Elefanten berühren würdet, was würdet ihr denken, worum es sich handelt? (Tipp: Der Stoßzahn des Elefanten ist scharf wie ein Messer.)
   - Wenn ihr nur das *Ohr* des Elefanten berühren würdet, was würdet ihr denken, worum es sich handelt? (Tipp: Das Ohr des Elefanten ist dünn und breit wie ein Fächer.)
2. *Gesprächsthemen: Erzählt eine Geschichte über eine Situation, in der ihr jemanden missverstanden habt, weil ihr nicht alle*

Informationen hattet. Erzählt eine Geschichte über eine Situation, in der jemand euch missverstanden hat, weil er oder sie nicht die ganze Geschichte kannte.

TIPPS

1. Wandeln Sie *Das große Bild* für jüngere Kinder etwas ab, indem Sie ein großes Kuscheltier in einiger Entfernung vor sie hinsetzen. Lassen Sie sie dann raten, um was für ein Tier es sich handelt, indem sie die Augen schließen und nur einen Teil des Kuscheltiers berühren (ein Bein, ein Ohr, den runden Bauch). Wenn Sie vermuten, dass es den Kindern in der Aufregung schwerfallen wird, die Augen geschlossen zu halten, können sie eine Augenbinde verwenden (wie in dem Spiel „Dem Esel den Schwanz anheften").

Natürlich ist es schwer zu erraten, was man gerade berührt, wenn man das größere Bild nicht sehen kann. Was aber, wenn die Kinder zwar das größere Bild sehen können, sich aber nicht einig sind, was es ist? Muss das eine Kind Recht und das andere Unrecht haben? Oder ist es möglich, dass manche Dinge mehrere Dinge gleichzeitig sind? Das finden die Kinder in dem Spiel *Ente oder Kaninchen?* heraus, einem Spiel, das auf einer berühmten optischen Illusion basiert, die man entweder als Ente oder Kaninchen deuten kann, nicht aber als beides gleichzeitig. Diese mehrdeutige Zeichnung wurde erstmals Anfang des 20. Jahrhunderts von dem amerikanischen Psychologen Joseph Jastrow verwendet. In philosophischen Kreisen ist sie durch die Arbeit des österreichisch-britischen Philosophen Ludwig Wittgenstein weithin bekannt. Für das folgende Spiel können Sie die Enten-/Kaninchenzeichnung verwenden, die im Anhang abgedruckt ist.

Ente oder Kaninchen?

Wir betrachten eine Zeichnung, die sowohl wie eine Ente als auch wie ein Kaninchen aussieht, um besser zu verstehen, wie einige Dinge mehr als nur eine Sache sein können.

LEBENSKOMPETENZEN:
Wahrnehmen, umdeuten

ZIELALTER:
Jedes Alter

GESPRÄCHSANLEITUNG

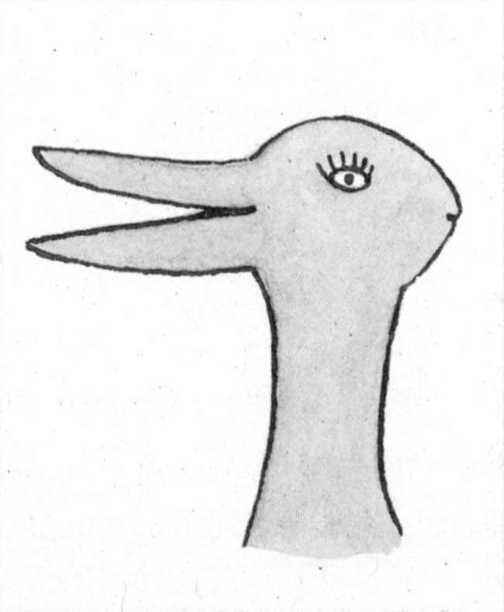

1. Lasst uns gemeinsam die Zeichnung betrachten.
   Zeigen Sie allen die Illustration.
2. Ist es eine Ente oder ein Kaninchen?
   Warten Sie auf die Antworten der Kinder und äußern Sie dann ebenfalls Ihre Vermutung. (Falls entweder die Ente oder das Kaninchen von niemandem gewählt wurde, wählen Sie dieses Tier und erklären Sie den Kindern, wie man auch dieses Tier in der Zeichnung sehen kann.)
3. Schaut noch einmal hin und seht, ob es für euch jetzt anders aussieht. Was denkt ihr? Ist es eine Ente oder ein Kaninchen?
4. Wer hat Recht, wer hat Unrecht?
5. Lasst uns die Zeichnung noch einmal betrachten. Wie sieht sie jetzt aus? Habt ihr eure Meinung geändert?
6. *Gesprächsthemen: Denkt ihr, dass die Zeichnung in Wirklichkeit entweder eine Ente oder ein Kaninchen sein soll? Könnte sie auch beides sein?*

TIPPS

1. Amy Krouse Rosenthal und Tom Lichtenheld haben ein originelles Bilderbuch herausgegeben, das auf der Enten-/Kaninchenzeichnung basiert. Sie können es mit den Kindern anschauen und so das Gespräch über diese Themen noch erweitern.

Das folgende Spiel, bei dem die Kinder mit Handzeichen auf Fragen antworten, zeigt, dass Komplexität und Widerspruch überall existieren, sogar bei den alltäglichsten Vorkommnissen.

Die kleine Fingeranzeige

Wir zeigen mit dem kleinen Finger nach oben, nach unten oder zur Seite, um auf diese Weise besser wahrzunehmen, wie wir uns fühlen, und dies anderen mitzuteilen.

LEBENSKOMPETENZEN:	ZIELALTER:
Wahrnehmen, umdeuten	Jedes Alter

SPIELANLEITUNG

1. Wir können viele verschiedene Gefühle haben – manchmal sind wir glücklich, manchmal traurig, manchmal müde, manchmal aufgeregt – und all diese sind ganz normale Gefühle. Es gibt keine richtigen oder falschen Gefühle und unsere Gefühle ändern sich. Wir fühlen uns vermutlich jetzt anders, als wir es heute Morgen taten, und später am Tag werden wir uns anders fühlen, als wir es jetzt tun. Manchmal fühlen wir uns genauso wie jemand anderes und manchmal fühlen wir uns anders – und beides ist in Ordnung.

2. Nehmt einen Atemzug, und nehmt wahr, wie ihr euch im Augenblick fühlt.
3. Ich stelle eine Frage, und ihr alle gebt eure Antwort zur gleichen Zeit, indem ihr sie mit dem kleinen Finger anzeigt, wenn ich „1–2-3-los“ sage.
4. Die Frage lautet: „Ist es jetzt gerade einfach oder schwierig, still zu sitzen?“ Wenn es einfach ist, zeigt mit dem kleinen Finger zum Boden; wenn es schwierig ist, zeigt mit dem kleinen Finger zum Himmel; und wenn es irgendetwas dazwischen ist, zeigt mit dem kleinen Finger zur Seite. 1–2-3-los.
5. Behaltet den kleinen Finger noch in der Luft, damit wir alle sehen können, wie jeder von euch sich im Augenblick fühlt. Erinnert euch daran, dass es keine richtige oder falsche Antwort gibt. Interessant!

   Stellen Sie weitere Fragen, solange die Kinder bei der Sache sind.

TIPPS

1. *Die kleine Fingeranzeige* ist eine vergnügliche und effiziente Art, logistische Fragen zu klären („Wer möchte eine Pause machen?“), aber meistens nutzen wir sie, um herauszufinden, wie die Kinder sich im Moment fühlen. Mögliche Fragen sind hier: „Habt ihr viel Energie oder seid ihr müde? Fühlt ihr euch ruhig oder aufgeregt? Fühlt ihr euch entspannt oder angespannt?“
2. Wenn die Kinder den kleinen Finger in die Luft halten und sich umschauen, sehen sie, wie die anderen die gleiche Frage beantwortet haben. Es wird verschiedene Antworten geben, und für einige Kinder ist es ein wahrer Augenöffner, wenn sie erfahren, dass nicht alle ihrer Meinung sind. Andererseits tut es Kindern, die sich nicht zur Gruppe zugehörig fühlen, oft gut, wenn sie sehen, dass andere eine Frage genauso beantworten wie sie selbst.

3. Um die positive oder negative Assoziation mit bestimmten Handgesten zu verringern, ändern Sie die Bedeutung des nach oben, unten oder zur Seite zeigenden kleinen Fingers. Wenn der kleine Finger nach oben „schwierig, still zu sitzen" bedeutet, ändern Sie die Richtung, so dass in der nächsten Runde der kleine Finger nach oben „einfach, still zu sitzen" bedeutet. Dieses untergräbt die reflexhaften Urteile, die häufig mit den Antworten einhergehen (beispielsweise: Ärger ist schlecht, Dankbarkeit ist gut) und schafft ein Umfeld, in dem die Kinder mit einem offenen Geist beobachten können, was in ihrer inneren und äußeren Welt vor sich geht.
4. Gelegentlich schreckt der Name *Die kleine Fingeranzeige* ältere Kinder und Jugendliche ab. Sie können das Spiel in diesem Fall stattdessen auch *Das Daumen-Spiel* nennen und die Kinder bitten, die Fragen mit dem Daumen nach oben, dem Daumen nach unten oder dem Daumen zur Seite zu beantworten.

Der Geist ist voller vielfältiger und mitunter widersprüchlicher Gedanken, Gefühle und Überzeugungen. In dem Bemühen, das, was in ihnen und um sie herum vor sich geht, zu verstehen und zu lenken, kann es allerdings passieren, dass die Kinder ihre Erfahrungen allzu sehr vereinfachen. Kinder (und Eltern) neigen dazu, Aspekte ihrer inneren Welt in Schubladen zu stecken, indem sie sie als schwarz oder weiß, gut oder schlecht, richtig oder falsch, Ente oder Kaninchen bezeichnen. Und das, was in ihrer Umgebung geschieht, kategorisieren sie oft gleichermaßen. Aber das Leben ist viel zu komplex für diese Art des binären Denkens, und im Allgemeinen passen unsere Lebenserfahrungen nicht in solch klare Kategorien. Mittels der Lebenskompetenzen *wahrnehmen* und *umdeuten* lernen die Kinder und

Jugendlichen, keine vorschnellen Schlüsse zu ziehen und nicht reflexhaft zu urteilen. Stattdessen lernen sie, mit einem offenen Geist eine Erfahrung als das Wunder, das sie ist, und in ihrer ganzen Komplexität zu sehen. F. Scott Fitzgerald charakterisiert geistige Offenheit in einem bekannten Spruch: „Die wahre Prüfung einer erstklassigen Intelligenz ist die Fähigkeit, zwei gegensätzliche Ideen im Kopf zu behalten und weiter zu funktionieren."

Achtsamkeit und Meditation helfen den Kindern, genau das zu lernen. Die jungen Meditierenden entdecken, dass selbst Gegenteile voneinander abhängig sein können und dass man an beide gleichzeitig denken kann, wie etwa an Yin und Yang, Käufer und Verkäufer, Lehrer und Schüler oder Eltern und Kinder.

4

WERTSCHÄTZUNG

An etwas allzu sehr festzuhalten erzeugt Stress. Diese Einsicht reicht bis zu dem historischen Buddha zurück, einem Prinzen namens Siddhartha Gautama, der etwa vier- bis sechshundert Jahre vor Beginn der christlichen Zeitrechnung im Norden Indiens zur Welt kam. Als der Prinz neunundzwanzig Jahre alt war, gab er – zum großen Verdruss seines Vaters – das königliche Leben mit all seinen Annehmlichkeiten auf, um Wandermönch zu werden. Nach einigen Jahren des Wanderns ließ sich der Buddha im indischen Bodh Gaya unter einem Bodhi-Baum zur Meditation nieder und gelobte, solange dort sitzen zu bleiben, bis er die Erleuchtung erlangt hätte. An diesem Ort hatte er vier Einsichten in die menschliche Existenz: Leiden ist ein Teil des Lebens (es ist nicht das ganze Leben, sondern eben ein Teil des Lebens); es gibt eine Ursache für das Leiden; das Leiden kann beendet werden; und – das ist das Beste – es gibt Mittel und Wege, wie man das Leiden beenden kann. Im Laufe der folgenden zweitausendfünfhundert Jahre haben Wissenschaftler, Philosophen und Dichter verschiedenster Disziplinen diese vier Einsichten bestätigt. In einem seiner bekanntesten Bücher, *Oh, the Places You'll Go!*, fasst Dr. Seuss die erste Einsicht in einen Reim: „I'm sorry to say so / but sadly, it's true / that Bang-ups and Hang-ups / *can* happen to you".[*] Die folgende Geschichte ist eine meiner liebsten, wenn es darum geht, zu veranschaulichen, wie das Festhalten unnötigen Schmerz verursachen kann.

> *Ein Jäger stellt eine Affenfalle auf, indem er eine Banane in einen Bambuskäfig legt. Die Stangen des Käfigs sind gerade so weit auseinander, dass ein Affe mit der flachen Hand hineingreifen kann, jedoch nicht weit genug, dass er die Hand wieder herausziehen kann, wenn er eine Banane hält. Der Affe kommt an der Falle vorbei, sieht die Banane, greift hinein und packt zu. Er hält die Banane in der Hand und lässt sie nicht wieder los, somit ist er also gefangen. Würde er seinen Griff lösen, wäre er wieder frei – aber der Affe ist überzeugt, dass er genau diese Banane braucht, und will sie partout nicht mehr loslassen.*

Der Affe ist in einer Art von Falle gefangen, die uns wohl bekannt ist. Er jagt dem nach, von dem er glaubt, es mache ihn glücklich (die Banane essen) und vermeidet das, von dem er glaubt, es mache ihn unglücklich (die Banane verlieren). Ist die Moral dieser Geschichte die, dass man die Banane fallen lassen sollte? Es kommt darauf an. Wenn wir wirklich in einer Falle gefangen sind, ist es das Beste, die sinnbildliche Banane fallen zu lassen. Allerdings ist die Relation von Ursache und Wirkung zwischen unseren sinnbildlichen Bananen und unserem Leiden normalerweise komplexer, als sie in dieser Geschichte dargestellt wird. Die klügere Reaktion auf Leiden besteht oft darin, die Dinge sein zu lassen, wie sie sind, anstatt auf eine der zwei üblichen Weisen zu reagieren – den Schmerz völlig zu ignorieren oder aber ihn von jedem erdenklichen Winkel aus zu betrachten. Das Problem an diesen beiden Reaktionen ist: Wenn wir unser Leiden ignorieren oder es immer und immer wieder durchkauen, wird es sich wahrscheinlich nur noch weiter intensivieren. Wir können aus diesem vertrauten Muster

---

* Auf Deutsch sinngemäß: „Es tut mir leid, es zu sagen, / aber traurigerweise ist es wahr, / Höhenflüge und Durchhänger / können Dir nun einmal passieren." Anm. d. Übers.)

aussteigen, indem wir anders mit unserem Leiden umgehen und uns dazu entscheiden, es zu erleben, anstatt es unter den Teppich zu kehren oder es zu analysieren. Dann kann die Aktivität in unserem Geist zur Ruhe kommen und wir können klarer und weniger reaktiv sehen, was in uns und um uns herum geschieht. Weil diese Art des Umgangs mit körperlichem und emotionalem Schmerz sich von unserem gewohnten Umgang unterscheidet und es einige Zeit dauert, bis man den Dreh raus hat – und sogar noch länger, bis man es wirklich umsetzen kann –, leidet man nicht gerade wenig, selbst wenn man zu den erfahrensten Meditierenden zählt.

Zum Glück kann das Leiden wichtige Einsichten bergen. Der Essayist und Romanautor Pico Iyer denkt auf der Meinungsseite der *New York Times* über den Wert des Leidens nach:

> *Weise Menschen aller Traditionen sagen uns, dass Leiden Klarheit und Erleuchtung bringt; für den Buddha ist das Leiden die erste Gesetzmäßigkeit des Lebens, und da einiges davon unserer eigenen Verblendung entspringt – unserer Selbstbezogenheit –, liegt die Heilung bei uns. In manchen Fällen kann das Leiden sowohl ein Ergebnis davon als auch eine Ursache dafür sein, sich allzu ernst zu nehmen. Einmal traf ich in Japan einen in Zen ausgebildeten Maler, der bereits über neunzig war. Er sagte zu mir, dass Leiden ein Privileg sei; es bringt uns dazu, über wesentliche Dinge nachzudenken, und erschüttert unsere kurzsichtige Zufriedenheit. Als er noch ein Junge war, so erzählte er, glaubte man, dass man für Leiden sogar bezahlen sollte, da es einen solchen Segen in sich birgt.*

Das Leiden offenbart dann seinen verborgenen Segen, wenn man die Gelegenheit, die es bietet, dazu nutzen kann, sich bewusster zu werden, was im eigenen Inneren und um einen herum vor sich geht. Wenn wir wahrnehmen, dass Gesundheit und Wohlbefinden zerbrechlich und unbeständig sind, sehen wir auch in unserem alltäglichen Leben, wie alles sich verändert. Wenn wir erkennen, dass unser eigenes Glück komplex ist, sich verändert und mit dem Glück anderer zusammenhängt, stoßen wir auf ein weiteres

Thema: unsere gegenseitige Abhängigkeit. Wenn wir uns daran erinnern, dass auch Gedanken und Gefühle komplex, miteinander verbunden und im Fluss sind, praktizieren wir ein drittes Thema – „den Geist offen halten“ – und beziehen dabei indirekt auch die beiden vorherigen Themen mit ein. Und wenn wir akzeptieren, dass guten Menschen schlimme Dinge geschehen können, finden wir darin die erste Einsicht der Achtsamkeit wieder – dass Leiden zum Leben gehört. Erkenntnisse wie diese, die oftmals infolge von Leiden entstehen, sorgen für mehr Klarheit darüber, was gerade geschieht, und machen es schwer, geringfügige Sorgen allzu ernst zu nehmen. Pico Iyer weist darauf hin, dass Selbstbezogenheit sowohl eine Ursache als auch eine Auswirkung von Leiden sein kann; und es ist normal, mit selbstzentrierten Belangen beschäftigt zu sein, wenn alles gut ist. Wenn das Leben sich jedoch von seiner schwierigen Seite zeigt, regt uns das Nachdenken über Themen wie wechselseitige Abhängigkeit, stetige Veränderung, Klarheit, Akzeptanz und geistige Offenheit dazu an, einen Schritt zurückzutreten und das weite Feld von Ursachen und Umständen zu betrachten, die das größere Bild unseres Leidens ausmachen (mit anderen Worten: Ursache und Wirkung zu erkennen). Wenn unser Blick weiter wird, werden selbstzentrierte Interessen häufig durch grundsätzlichere Fragen in den Schatten gestellt und wirken im Vergleich dazu weniger bedeutend. Die Kehrseite des Leidens lernen wir wertzuschätzen, indem wir die Menschen, Orte und Dinge wahrnehmen, die uns helfen, das Leiden erträglich zu machen. Selbst wenn wir Schmerz erleiden, ist es dann relativ einfach, an andere Menschen mit Wertschätzung und Freundlichkeit zu denken – zwei weitere Themen, die eine weise und mitfühlende Haltung dem Leben gegenüber ausmachen.

Die Kinder müssen aber nicht unbedingt leiden, um ihr Denken zu erweitern. Dem folgenden Spiel liegt ein einfacher Ansatz zugrunde, der gut in einem vietnamesischen Sprichwort zum Ausdruck kommt: „Wenn du eine Frucht isst, denke an den Menschen, der den Baum gepflanzt hat.“ Das *Danke-Spiel* macht kleineren Kindern das Thema „wechselseitige Abhängigkeit“ bewusst und gibt ihnen Gelegenheit, zwei weitere Themen zu praktizieren: Freundlichkeit und Wertschätzung. Ältere Kinder und Jugendliche sind zwar vielleicht zu alt für das *Danke-Spiel*, aber sie können davon profitieren, über das vietnamesische Sprichwort nachzudenken, auf dem es basiert. Suchen Sie zur Vorbereitung einen bequemen Platz, an dem die Kinder essen können, und legen Sie für jedes Kind einige Rosinen in eine Schale.

Das Danke-Spiel

Bevor wir eine Rosine essen, danken wir den Menschen, den Orten und den Dingen, die an ihrer Reise vom Weinstock bis auf unseren Tisch beteiligt waren.

LEBENSKOMPETENZEN:
Wahrnehmen, umdeuten

ZIELALTER:
Jüngere Kinder

SPIELANLEITUNG

1. Lasst uns eine Rosine in die Hand nehmen. Bevor wir sie aber essen, denken wir daran, wie sie vom Weinstock in unsere Hand gekommen ist:
   - Denkt an die Würmer, die den Boden gedüngt haben... *Danke, Würmer!*
   - Denkt an die Sonne und den Regen, die die Reben genährt haben... *Danke, Natur!*
   - Denkt an die Winzer, die sich um die Reben gekümmert und die Trauben gesammelt haben... *Danke, Winzer!*
   - Denkt an die Arbeiter, die die Trauben gesammelt, zum Trocknen ausgelegt und als Rosinen in Kisten verpackt haben... *Danke, Arbeiter!*
   - Denkt an die Lastwagenfahrer, die die Rosinen zum Geschäft gefahren haben... *Danke, Lastwagenfahrer!*
   - Denkt an die Person, die die Rosinen gekauft und euch mitgebracht hat... (Die Kinder danken Ihnen.)
2. Gern geschehen! Jetzt lasst uns eine Rosine essen. Legt sie euch einen Moment lang in den Mund, ohne zu kauen, und nehmt wahr, wie sich das anfühlt. Dann kaut sie ein wenig und schluckt sie schließlich hinunter. Achtet ganz genau darauf, wie ihr euch bei jedem dieser Schritte fühlt.
3. *Gesprächsthemen: Habt ihr schon einmal so über euer Essen nachgedacht? Denkt ihr jetzt anders über Rosinen?*

Es ist weit verbreitet, die Aufmerksamkeit mehr darauf zu richten, *was wir nicht haben*, als dafür dankbar zu sein, *was* wir haben. Manchmal wünschen wir uns mehr – einen besseren Job, längere Ferien oder mehr Geld auf dem Konto –, und manchmal wünschen wir uns weniger – eine niedrigere Kreditkartenrechnung oder eine kleinere Zahl auf der Anzeige der Waage, auf der wir stehen. Und manchmal wünschen wir uns mehr für unsere Kinder und Familien, als wir ihnen gerade geben können. In all diesen Beispielen konzentrieren wir uns auf das, was uns fehlt, anstatt auf das, was wir haben. Einige Wissenschaftler schreiben diese negative Einseitigkeit der Evolution zu. Sie sagen, unsere Gehirne seien darauf angelegt, stärker auf schlechte Nachrichten zu reagieren als auf gute. Aus der Perspektive des Gehirns signalisieren schlechte Nachrichten Gefahr, und unsere Gehirne sind darauf angelegt, dem Überleben Priorität vor allem anderen zu geben. Allerdings können wir etwas gegen diese negative Einseitigkeit tun, indem wir überlegen, was wir in unserem Leben bereits haben, und dies wertschätzen.

Zur Vorbereitung auf das folgende Spiel schneiden Sie Skizzenpapier in Streifen und legen es mit einigen Dekorationsmaterialien zusammen in einen Korb.

Die Dankbarkeitskette

Wir schreiben auf, wofür wir dankbar sind, um uns daran zu erinnern, was wir alles haben, und um zu erleben, welche positiven Auswirkungen eine einfache, freundliche Tat haben kann.

LEBENSKOMPETENZEN:
Wahrnehmen, umdeuten

ZIELALTER:
Jüngere Kinder

SPIELANLEITUNG

1. *Gesprächsthemen: Auf welche Weisen haben andere Menschen euch geholfen? Was ist „Wertschätzung" oder „Dankbarkeit"?*
2. Lasst uns gemeinsam eine Dankbarkeitskette machen. Zuerst werden wir auf diese Papierstreifen schreiben, für was wir dankbar sind. Dann werden wir sie verzieren und zu einer Kette zusammenfügen.
3. *Gesprächsthemen: Wie fühlt ihr euch, wenn ihr für etwas oder jemandem dankbar seid? Auf welche Weisen sind wir alle miteinander verbunden? Was ist eine Gemeinschaft?*
   Wenn die Kette fertig ist, können die Kinder sie mit Ihrer Hilfe an einen passenden Platz hängen oder verschenken.

TIPPS

1. Dankbarkeitsspiele vertiefen das Thema der gegenseitigen Abhängigkeit, indem sie die Kinder daran erinnern, dass sie mit ihnen bekannten und unbekannten Menschen auf Weisen verbunden sind, die man sich manchmal nur schwer vorstellen kann. Zum Beispiel sind viele, viele Menschen daran beteiligt, eine Mahlzeit auf den Tisch zu bringen (Bauern, Verkäufer, Köche) und die eigene Lieblingsfernsehserie oder einen Film zu produzieren (Autoren, Schauspieler, Regisseure).

Manchmal kommen durch Wertschätzungsübungen bei den Kindern und Jugendlichen schmerzliche Gedanken und Gefühle auf. Dann können sie die Aufforderung, dankbar zu sein, leicht missverstehen und denken, dass ihre Schwierigkeiten nicht gesehen werden, auch wenn das nicht stimmt. Falls schmerzliche Gefühle auftauchen, regen Sie die Kinder dazu an, ihre Erfahrung aus einer größeren Perspektive zu betrachten und ihre Gefühle weder zu beschönigen noch beiseite zuschieben. Wenn die Kinder ihre schmerzlichen Gefühle anerkennen und sich daran erinnern, was in ihrem Leben gut ist, setzen sie ein Thema um, das sie bereits erforscht haben – den offenen Geist. Das Spiel *Drei gute Dinge* gibt den Kindern eine Möglichkeit, diese ganzheitliche Geisteshaltung zu praktizieren, wenn sie sich über etwas aufgeregt haben und somit besonders davon profitieren können.

Drei gute Dinge

Wenn wir eine Enttäuschung erleben, erkennen wir unsere Gefühle an und denken dann an drei Dinge in unserem Leben, die gut sind.

LEBENSKOMPETENZEN:	ZIELALTER:
Wahrnehmen, umdeuten	Jedes Alter

GESPRÄCHSANLEITUNG

1. Wart ihr schon einmal von etwas oder jemandem enttäuscht?
   Hören Sie sich die Geschichten der Kinder an.
2. Wie habt ihr euch dabei gefühlt?
   Erkennen Sie die Gefühle der Kinder an und, falls es angebracht ist, sprechen Sie mit ihnen darüber.
3. Ich wette, selbst wenn ihr enttäuscht seid, passieren auch gute Dinge in eurem Leben. Lasst uns gemeinsam drei gute Dinge benennen.

TIPPS

1. Machen Sie die Kinder darauf aufmerksam, dass es bei diesem Spiel nicht darum geht, so zu tun, als ob sie sich nicht ärgern, obwohl sie es tun. Es geht darum, sich daran zu erinnern, dass man zwei Dinge gleichzeitig fühlen kann: Man kann sich dankbar

fühlen für gute Dinge, während man sich zugleich wegen einer schwierigen Sache traurig, verletzt oder enttäuscht fühlt.

2. Wenn die Kinder oder Jugendlichen Schwierigkeiten haben, selbst auf drei gute Dinge zu kommen, denken Sie gemeinsam nach und helfen Sie ihnen, etwas zu finden.
3. Wenn die Kinder verstehen, dass es in diesem Spiel nicht darum geht, ihre Gefühle unter den Teppich zu kehren, kann die Formulierung „drei gute Dinge" zu einer spielerischen und humorvollen Reaktion auf die kleinen Ärgernisse werden, die zum Familienalltag dazugehören. Wenn zum Beispiel ein kleines Kind ein Glas Apfelsaft verschüttet und so aussieht, als würde es gleich zu weinen anfangen, könnten Sie so reagieren: „Oh je, das ist ja ärgerlich. Kannst du mir *drei gute Dinge* sagen, während ich den Tisch abwische?"
4. Umgekehrt können die Eltern auch ihre Kinder bitten, sie daran zu erinnern, drei gute Dinge zu nennen, wenn sie selbst an einer belanglosen Enttäuschung oder einem kleinen Ärgernis festhalten.
5. Um Dankbarkeit zur Gewohnheit zu machen, spielen Sie *Drei gute Dinge* am Abendbrottisch, vor dem Zubettgehen und bei anderen Gelegenheiten, wenn die Familie zusammen ist (und sich gerade niemand ärgert).

Im folgenden Spiel *Das Leben ist gut* können die Kinder auf spielerische Weise üben, ihre Schwierigkeiten anzuerkennen und sie dann in einen größeren Kontext zu stellen, indem sie einige positive Dinge benennen, die es in ihrem Leben ebenfalls gibt – ich nenne es scherzhaft das *Jammerspiel.* Die Kinder rollen in einem Kreis oder mit einem Partner einen Ball hin und her. Wer auch immer den Ball hat, nennt etwas, das ihm oder ihr auf die Nerven geht. Dann rollt die Person den Ball zu einem anderen Spieler und sagt dabei: „…und das Leben ist gut." Dieses Spiel ist durch eine Dankbarkeitspraxis inspiriert, die James Baraz, Gründer und Lehrer des *Spirit Rock Meditation Center*, seiner neunundachtzigjährigen Mutter beibrachte. Der Titel dieses Spiels beruht auf dem Vorschlag des Meditationslehrers Joseph Goldstein.

Das Leben ist gut

Während wir einen Ball hin und her (oder in einem Kreis) rollen, nennen wir Dinge, die uns stören, und erinnern uns dabei an die guten Dinge im Leben, indem wir hinzufügen: „…und das Leben ist gut."

LEBENSKOMPETENZEN:	ZIELALTER:
Wahrnehmen, umdeuten	Jedes Alter

SPIELANLEITUNG

1. Wir werden uns diesen Ball gegenseitig zurollen, und wenn der Ball zu euch kommt, nennt eine Sache, die euch stört. Rollt dann den Ball zur nächsten Person und sagt: „…und das Leben ist gut."
2. Ich fange an. „Ich habe heute meine Halskette verloren…"
   Rollen Sie den Ball zu einem anderen Spieler und sagen Sie dabei: „…und das Leben ist gut."
3. Jetzt nenne du etwas und rolle den Ball.
   Lassen Sie die Kinder im Lauf des Spiels die Geschwindigkeit erhöhen.

Zunächst mag sich Dankbarkeit wie eine bloß mentale Übung anfühlen. Je mehr man sich als Familie jedoch dafür Zeit nimmt, Wertschätzung zu praktizieren, wenn das Leben gerade gut ist, desto leichter fällt es Eltern und Kindern, auch in schweren Zeiten für die guten Dinge im Leben dankbar zu sein. Dadurch wird Wertschätzung zu einem wesentlichen Bestandteil der Haltung dem Leben gegenüber und ist nicht länger eine rein mentale Angelegenheit.

5

HIER UND JETZT

Seit der Zeit, in der ich an meinem ersten Meditationsretreat teilnahm, haben es Achtsamkeit und Meditation vom gesellschaftlichen Außenseitertum bis auf die Titelseite des *Time Magazine* gebracht. Und dennoch haben Achtsamkeit und Meditation laut Dan Harris, Autor des Buches *Wie ich die entscheidenden 10 % glücklicher wurde*, der mit seinem Job als Nachrichtensprecher so nah am Mainstream ist, wie es überhaupt nur geht, ein unseriöses Image. In Blogs und anderen populären Schriftmedien werden diese beiden Begriffe zu sehr angepriesen und zu sehr vereinfacht, wodurch vage und ungenaue neue Bedeutungen entstehen. Häufig werden sie austauschbar benutzt, und relativ beliebige Konzepte werden miteinander verschmolzen und dann „Achtsamkeit" oder „Meditation" genannt, was die Verwirrung noch weiter steigert. Ich wünschte, ich könnte diese Definitionsdifferenzen mit einem Schulterzucken abtun, doch sie sind nun einmal bedeutsam.

Der Begriff *Meditation* wird in den kontemplativen Traditionen unterschiedlich definiert. In seinem Buch *Glück (Happiness)* erklärt Dr. Matthieu Ricard, französischer Autor und Mönch der tibetischen Tradition, dass der tibetische Begriff für Meditation „sich vertraut machen" bedeutet, also „sich vertraut machen mit einer neuen Sicht auf die Dinge, einer neuen Art des

Umgangs mit den eigenen Gedanken sowie einer neuen Art der Wahrnehmung von Menschen und dem Erfahren der Welt." In ähnlicher Weise verwende ich den Begriff *Meditation*, um eine Methode zu beschreiben, durch die wir uns selbst mit unserem Geist vertraut machen und direkt mit ihm arbeiten, um eine stabile, flexible Aufmerksamkeit zu entwickeln; eine Methode, durch die wir erforschen, was in unserem Inneren und um uns herum geschieht, und durch die wir unsere Einsichtsfähigkeit in Bezug auf andere Menschen, die Welt und uns selbst vergrößern und positive Qualitäten stärken, wie zum Beispiel die in diesem Buch besprochenen Themen.

Der Begriff *Achtsamkeit* stammt aus den historischen Sprachen Sanskrit und Pali, in denen er definiert wird als „sich erinnern" – so wie wenn wir uns an das Objekt unserer Aufmerksamkeit erinnern. Achtsame Aufmerksamkeit hat zum Ziel, unseren Geist auf einen bestimmten Gegenstand gerichtet zu halten und uns nicht in Ablenkungen zu verlieren. In traditionellen Texten wird der Begriff *Achtsamkeit* häufig im Zusammenhang mit den Begriffen *Bewusstheit* oder *Erkenntnis* verwendet. Dabei beziehen sich die Begriffe *Erkenntnis* und *Bewusstheit* auf die Fähigkeit wahrzunehmen, was in unserem Geist vor sich geht. Durch Achtsamkeit haben wir mehr Bewusstheit über die Vorgänge in unserem Geist (das, was wir sehen, hören, schmecken, riechen, fühlen, denken oder ahnen), und mittels Bewusstheit nehmen wir unseren gegenwärtigen Geisteszustand wahr (aufgeregt, lustlos, munter oder abgelenkt).

Durch die Praxis von Meditation und Achtsamkeit entwickeln Kinder und Jugendliche eine stabile, flexible Aufmerksamkeit, die zwischen verschiedenen Aktivitäten hin und her wechseln kann. Sie lernen, die Aufmerksamkeit beispielsweise von ihren Hausaufgaben zu einem klingelnden Telefon und wieder zurück zu lenken oder von ihren Gedanken zu einer körperlichen Empfindung oder zu einer Aufgabe. Achtsame Aufmerksamkeit an und für sich zieht nicht notwendigerweise eine Aktivität der anderen vor. Es ist allerdings wichtig, dass ältere Kinder und Jugendliche ein der Entwicklung angemessenes Ausmaß an Bewusstheit in Bezug darauf haben, worauf sie ihre Aufmerksamkeit fokussieren und welche Qualität ihre Aufmerksamkeit hat. Anders gesagt: Wenn die Kinder achtsam sind, nehmen sie wahr, was ihr Geist gerade tut und in welchem Zustand er ist. In einem Artikel des *Center for Healthy Minds* an der Universität von Wisconsin-Madison aus dem Jahre 2015 erklären Cortland Dahl und seine Kollegen, dass in der wissenschaftlichen Literatur der Begriff *Metabewusstsein* verwendet wird, um diesen Prozess des Wahrnehmens zu beschreiben. Ohne Metabewusstsein, so die Autoren, „sind wir uns vielleicht der Objekte der Aufmerksamkeit bewusst, nicht aber des Prozesses des Denkens, Fühlens und Empfindens“. Nehmen wir zum Beispiel eine Jugendliche, die geistesabwesend und übermüdet vor einem elektronischen Gerät sitzt und äußerst konzentriert und darin vertieft ist – aber sie nimmt gar nicht wahr, was sie da gerade tut. Folglich gibt es hier kein Metabewusstsein, und aus der Perspektive der Achtsamkeit hat sie sich verloren. Wenn man Kindern Achtsamkeit nahebringt, ist es wichtig, sich daran zu erinnern, dass das Metabewusstsein – also wahrzunehmen, was der Geist gerade macht und in welchem Zustand er ist – bei vielen Kindern noch nicht entwickelt ist. Dr. Mark Greenberg, Gründer und Direktor des *Prevention Research Center for the Promotion of Human Health* an der Pennsylvania State University und Autor des wegweisenden Curriculums PATHS für sozialemotionales Lernen, erklärt, dass jüngere Kinder Metabewusstsein von ihrem Entwicklungsstand her wahrscheinlich noch nicht verstehen oder anwenden können: „Wann genau diese Fähigkeiten anfangen, sich zu entwickeln, ist von Kind zu Kind unterschiedlich; es ist aber unwahrscheinlich, dass sie sich vor der vierten Klasse entwickeln.“ Allerdings können Kinder, die die Fähigkeit zum Metabewusstsein noch nicht entwickelt haben, dennoch sehr von achtsamen Spielen profitieren, die fokussierte Aufmerksamkeit, Selbstregulierung und Freundlichkeit fördern.

Innere und äußere Transformation ist das letztliche Ziel von Achtsamkeit und Meditation. Wenn die Kinder positive geistige Veränderungen erleben, können sie klüger und mitfühlender sprechen, handeln und interagieren. Im Kontext eines Familienlebens kann man sich diese Transformation folgendermaßen vorstellen: Durch die Praxis von Achtsamkeit und Meditation kommen die Kinder zu Einsichten und entwickeln Kompetenzen, die *Aufmerksamkeit, Ausgeglichenheit* und *Mitgefühl* fördern – ich nenne es *das ABC (Attention, balance, compassion).* Obwohl es sich hier nicht um eine vollkommen lineare Entwicklung handelt, ist es hilfreich, diese drei Qualitäten als sich nacheinander entwickelnd zu betrachten, von der Aufmerksamkeit über die emotionale Ausgeglichenheit zum Mitgefühl. Diese Entwicklung ist sehr bedeutsam, aber zunächst unscheinbar und steigert sich im Laufe der Zeit. Stabile, flexible Aufmerksamkeit fördert die Fähigkeit der Kinder, sich zu *konzentrieren* und *zur Ruhe zu kommen*; emotionales Gleichgewicht verbessert ihre Fähigkeit zur *Wahrnehmung* und *Umdeutung;* mit Mitgefühl zu sprechen, zu handeln und mit anderen (und sich selbst) umzugehen, fördert die Fähigkeit, *sich zu kümmern* und *zu verbinden.*

Das vielleicht größte Hindernis für Veränderung besteht darin, dass es den Kindern schwerfällt, ihren eigenen Geist klar und unmittelbar wahrzunehmen. Aus diesem Grund beginnt der Weg der Veränderung mit der Entwicklung von Konzentration – ein unabdingbares Werkzeug in den emotionalen, sozialen und intellektuellen Werkzeugkästen der Kinder. Wenn sie in der Lage sind, ihre Aufmerksamkeit zu lenken, können sie dies dazu nutzen, Halt zu finden, selbst wenn die äußere Situation chaotisch ist. Stabile, flexible Aufmerksamkeit kann dazu führen, dass das Rauschen in ihrem Geist nachlässt – und dies ist keine kleine Errungenschaft. Ein klarer Kopf erlaubt den Kindern, das sich verändernde, komplexe und manchmal widersprüchliche Netz von Ursachen und Umständen zu sehen, das einen jeden Moment hervorbringt. Dies ist ein einfacher, wenn auch nicht immer leichter Prozess – insbesondere dann, wenn die Gefühle hochkochen –, durch den ältere Kinder und Jugendliche erkennen können, was kontemplative Traditionen bereits seit langer Zeit lehren: Wenn sie ihr Leben mit Weisheit und Mitgefühl leben, sind sie auch mit ihren Werten und ihrer Moral verbunden.

Kleine Kinder, die in ihrer Entwicklung noch nicht so weit sind, kognitive Steuerung auf einem Niveau zu trainieren, das Metabewusstsein erfordert (die also noch nicht wahrnehmen können, was gegenwärtig in ihrem

Geist vor sich geht und in welchem Zustand er sich befindet), verkörpern häufig eine ihnen innewohnende Qualität, die der Achtsamkeit ganz ähnlich ist, in der sie voller Staunen und Begeisterung völlig im gegenwärtigen Moment aufgehen – wenn sie beispielsweise glücklich und zufrieden dabei zusehen, wie Schmetterlinge über einem Garten flattern oder Enten in einem Teich herumschwimmen. Traurigerweise verdrängen der Stress und die Belastungen des Alltagslebens diese lebhafte Verbundenheit mit der Welt der Natur aus vielen Kindern, lange bevor sie selbst Eltern werden. Den Unterschied zwischen dem elterlichen gestressten Blick auf die Welt und dem freudigen Staunen, das Kinder erleben, wenn sie sich auf den gegenwärtigen Augenblick einlassen, illustriert ein Bilderbuch, in dem Mutter und Sohn zum Zug eilen. In dem Buch *Wait* von Antoinette Portis verpasst eine beschäftigte Mutter ein gewöhnliches – und zugleich außergewöhnliches – Erlebnis nach dem anderen, während ihr Sohn daran seine helle Freude hat. Er hat Spaß mit einem Dackel, winkt einem Bauarbeiter zu, streckt einen Finger aus, damit ein Schmetterling darauf landen kann, und schmeckt die Regentropfen auf der Zunge. Als sie dann endlich den Bahnhof erreichen, lässt der Anblick eines spektakulären Naturschauspiels Mutter und Sohn innehalten: Während der Zug ohne sie abfährt, stehen sie auf dem Bahnsteig und bestaunen einen doppelten Regenbogen. Doch die Schönheit des Momentes können wir auch ohne doppelten Regenbogen entdecken. Sie liegt so nahe wie der Komposthaufen, der Wäschekorb, das schmutzige Geschirr und das Abendessen, das auf dem Herd kocht. Selbst wenn wir in der Schlange bei der Zulassungsbehörde feststecken oder ausgehbereit darauf warten, dass unser Partner oder unser Kind auch endlich so weit ist, können wir im bewussten Warten die Freude und das Glück finden, die stets da sind.

Achtsam warten

Während wir warten, suchen wir uns einen Gegenstand in der Nähe (zum Beispiel eine Pflanze in einem Topf, eine Kaffeetasse, den Horizont) und konzentrieren uns darauf. Wir blicken sanft auf den Gegenstand, um uns zu entspannen und wahrzunehmen, was in uns und um uns herum geschieht.

LEBENSKOMPETENZEN:
Sich konzentrieren, sich kümmern

ZIELALTER:
Jedes Alter

SPIELANLEITUNG

1. Setzt oder stellt euch bequem hin, entspannt euch und spürt eure Atmung.
2. Sucht euch etwas in der Nähe aus, das angenehm zu betrachten ist, und lasst euren Blick darauf ruhen.
3. Nehmt Veränderungen in eurer Umgebung wahr (Farben, Töne, Licht).
4. Manchmal werdet ihr Gedanken haben, manchmal nicht. Wenn Gedanken kommen, lasst sie da sein. Wenn ihr euch nicht zu sehr auf sie konzentriert, werden sie eine Weile dableiben und dann von selbst verschwinden.

5. Wenn ihr bemerkt, dass ihr abgelenkt seid, bedeutet das, dass ihr wisst, wo euer Geist ist. Glückwunsch, das ist achtsames Bewusstsein! Kehrt einfach dazu zurück, den Gegenstand sanft zu betrachten.
6. *Gesprächsthemen: Was habt ihr gesehen? Wart ihr überrascht von dem, was ihr gesehen habt? Ist die Umgebung gleich geblieben? Hat sie sich verändert? Wie habt ihr euch zu Beginn gefühlt? Wie habt ihr euch später gefühlt? Ist die Zeit langsam oder schnell vergangen?*

TIPPS

1. Wenn Sie diese Übung mit kleinen Kindern machen, fragen Sie sie, welchen Gegenstand sie sich ausgesucht haben, bevor sie zum nächsten Schritt übergehen.
2. Dieses Spiel kann man auch wunderbar als Familie spielen, wenn man im Stau steckt, auf eine Verabredung wartet oder in einer Schlange steht.
3. *Achtsam warten* hilft den Kindern, sich zu beruhigen, wenn sie sehr aufgeregt oder wütend sind.

Achtsame Spiele, die den gegenwärtigen Moment in den Mittelpunkt stellen, bringen auch uns Erwachsene zurück ins Hier und Jetzt der kindlichen Welt. Sie erinnern uns daran, dass scheinbar gewöhnliche Geschehnisse zu außergewöhnlichen Ereignissen werden und uns Freude bereiten, wenn wir uns auf den gegenwärtigen Augenblick *konzentrieren*. Der vietnamesische Mönch, Dichter und Friedensaktivist Thich Nhat Hanh, der für seine Arbeit zur Achtsamkeit mit Kindern und Familien große Anerkennung findet, erklärt in der Zeitschrift *Mindful*:

Je achtsamer und konzentrierter man ist, während man den großen, vollen Sonnenaufgang betrachtet, desto mehr offenbart sich einem seine Schönheit. Stellen Sie sich vor, dass man Ihnen eine Tasse Tee anbietet, sehr guten, wunderbar duftenden Tee. Wenn Ihr Geist abgelenkt ist, können Sie den Tee nicht wirklich genießen. Sie müssen achtsam sein für den Tee, Sie müssen sich auf ihn konzentrieren, so dass sein Duft und Zauber sich Ihnen eröffnet. Aus diesem Grund sind Achtsamkeit und Konzentration solche Quellen des Glücks. Aus diesem Grund kann ein gut Praktizierender aus jedem beliebigen Moment einen Augenblick der Freude und des Glücks machen.

Achtsamkeit fördert die Entwicklung von *Konzentration*, und es ist kein Zufall, dass Thich Nhat Hanh Achtsamkeit *und* Konzentration als Voraussetzungen dafür bezeichnet, das Glück und die Freude, die in jedem Moment verborgen liegen, zu entdecken. Dr. Jack Kornfield, einer der führenden amerikanischen Meditationslehrer und Mitbegründer des Spirit Rock Meditation Center, beschreibt in seinem Buch *Das weise Herz (The Wise Heart)* kunstvoll den Zusammenhang zwischen Konzentration, Glück und Freude: „Ein friedliches Herz gebiert Liebe… Wenn Liebe auf Glück trifft, verwandelt sie sich in Freude."

Zur Vorbereitung auf das folgende Spiel sollten Sie einen bequemen Platz zum Essen haben. Wählen Sie ein einfaches Nahrungsmittel aus, von dem man jeweils ein Stück essen kann (Trauben, Blaubeeren, Rosinen), und legen Sie es in eine Schale. Als besondere Leckerei können Sie auch ein Stück Schokolade oder eine Praline nehmen und die Kinder auffordern, die Schokolade im Mund zu behalten, bis sie vollständig geschmolzen ist. Bitten Sie sie, auf alle fünf Sinne zu achten: die Schokolade sehen, hören, wie die Folie entfernt wird, die Schokolade im Mund schmecken, riechen und fühlen.

Bissen für Bissen

Wir essen langsam einen Bissen nach dem anderen, um uns zu entspannen, zu genießen und den Moment wertzuschätzen.

LEBENSKOMPETENZEN:
Sich konzentrieren, sich kümmern

ZIELALTER:
Jedes Alter

SPIELANLEITUNG

1. Nehmt das Essen in die Hand und nehmt wahr, wie es aussieht, wie es sich anfühlt und wie es riecht. Nehmt wahr, was ihr denkt und wie ihr euch fühlt, während ihr das Essen in der Hand haltet, bevor ihr es esst.
2. Nehmt das Essen einen Augenblick lang in den Mund, zerkaut es aber nicht. Stattdessen nehmt wahr, wie es sich auf der Zunge anfühlt. Wird euch der Mund wässrig?
3. Jetzt kaut es langsam und schluckt es dann hinunter. Achtet genau darauf, wie ihr euch bei jedem dieser Schritte fühlt.
4. *Gesprächsthemen: Wie war es, das Nahrungsmittel im Mund zu haben, es aber nicht zu essen? Wie hat sich euer Mund beim Kauen angefühlt? Wie hat sich euer Hals beim Schlucken angefühlt? Habt ihr Gedanken oder Gefühle bemerkt?*

Tipps

1. Jüngeren Kindern kann man diese Aktivität auch als „Essen in Zeitlupe" beschreiben.
2. Fragen Sie die Kinder, ob sie überrascht darüber waren, wie sie sich gefühlt haben. (Oft nehmen die Kinder die Speichelbildung, ein Rumoren im Bauch oder ein Gefühl der Aufregung wahr.)

3. Um den Kindern zu helfen, weniger reflexhaft und bewusster zu essen, bitten Sie sie wahrzunehmen, wie sie sich fühlen, bevor und nachdem sie essen. Mögliche Gesprächsthemen: *Wie hungrig fühlt ihr euch? Wie satt fühlt ihr euch? Was ist der Unterschied zwischen, sich hungrig zu fühlen und sich satt zu fühlen? Habt ihr euch schon einmal satt gefühlt, aber trotzdem gegessen? Esst ihr immer, wenn ihr euch hungrig fühlt?*

Als Eltern können wir uns nur allzu oft in der Mutter aus der Geschichte *Wait* wiederfinden, die so darauf aus ist, rechtzeitig den Zug zu erreichen, dass ihr der Spaß, den ihr Sohn währenddessen hat, völlig entgeht. So scheint es den allermeisten Eltern zu ergehen. In einer Studie, die Dr. Matt Killingsworth und Dr. Daniel Gilbert an der Harvard University leiteten, verwendeten die Forscher eine App, um Menschen nach dem Zufallsprinzip zu befragen, was sie gerade dachten und fühlten. Die Menschen berichteten, dass ihr Geist in ungefähr der Hälfte der Zeit von dem abdriftete, was sie gerade taten, und dass sie zufriedener waren, wenn sie sich auf eine Aufgabe konzentrierten, als wenn sie zerstreut waren. Es überraschte mich zwar nicht, dass die Menschen im Allgemeinen zufriedener waren, wenn sie sich auf den gegenwärtigen Augenblick konzentrierten, doch war ich erstaunt, dass dies selbst dann der Fall war, wenn sie sich auf eine *unangenehme* Aufgabe konzentrierten. Dr. Susan Smalley, emeritierte Professorin der UCLA und Mitbegründerin des dortigen *Mindful Awareness Research Center*, gibt zu bedenken, dass die Probanden in der genannten Studie nur in etwa einem Drittel der Zeit in angenehme Gedanken abdrifteten. In Anbetracht der Tatsache, dass die Menschen in zwei Dritteln der Zeit in unangenehme oder neutrale Gedanken abdrifteten, ergibt es Sinn, dass die Beschäftigung mit dem gegenwärtigen Moment als angenehmer erlebt wurde als das Umherschweifen des Geistes.

Das bedeutet jedoch nicht notwendigerweise, dass ein umherschweifender Geist immer zu negativen Gefühlen führt. Geistiges Umherschweifen und Tagträume spielen eine wichtige Rolle in der Entwicklung des kritischen Denkens und der Problemlösefähigkeit. Tagträumen kann das Selbstgewahrsein fördern, etwa dann, wenn die Kinder und Jugendlichen sich ausmalen, wie sie sich bei verschiedenen Entscheidungen und deren Resultaten fühlen würden. Wenn sie sich dabei auch vorstellen, wie sich andere Menschen bei verschiedenen Entscheidungen und deren Resultaten fühlen könnten, wird die Empathiefähigkeit ebenfalls gestärkt. „Wirklich kreative Lösungen für schwierige Probleme werden oft dadurch gefunden, dass man verschlungenen Pfaden folgt", schreibt der Stanford-Professor und Neuroendokrinologe Dr. Robert Sapolsky im *Wall Street Journal* und fügt hinzu: „Ablenkung macht Langeweile erträglicher." Allerdings sind weder alle geistigen Ausflüge oder Tagträume gleich, noch sind sie immer hilfreich. Selbst wenn Tagträumen in seiner besten Form eine äußerst kreative, entspannende und freudige Erfahrung ist, gibt es doch Situationen, in denen die Kinder sich von einem Tagtraum lösen und zu einer bestimmten Aufgabe zurückkehren müssen.

Das führt uns zur Beziehung zwischen Tagträumen und Achtsamkeit. Wenn (ältere) Kinder tagträumen, versuchen sie nicht, das, was in ihren Köpfen geschieht, genau zu verfolgen, sondern erlauben ihrem Geist, frei umherzuschweifen. Und bei einigen Meditationstechniken lassen die Kinder und Jugendlichen ihren Geist ebenfalls frei umherschweifen. Der Unterschied zwischen Meditation und Tagträumen liegt jedoch im Metabewusstsein: Wenn die Kinder meditieren, verfolgen sie, was in ihrem Geist geschieht; wenn sie träumen, dann tun sie das nicht. Wenn nun eine Jugendliche weiß, dass sie vor sich hin träumt, während sie träumt, träumt sie dann noch? Wenn sie verfolgt, was in ihrem Kopf geschieht, meditiert sie möglicherweise, aber sie träumt vermutlich nicht. Was geschieht nun, wenn der Geist des Mädchens während der Meditation frei umherzuwandern beginnt und sie sich in ihrer Phantasie verliert? Meditiert sie dann noch? Nein. Der wandernde Geist ist nicht unbedingt ein Problem, aber wenn sie sich nicht bewusst ist, dass ihr Geist wandert, hat sie ihre Achtsamkeit verloren und träumt wahrscheinlich vor sich hin. In dem Moment, in dem sie feststellt, dass sie träumt, kann sie den Faden der Achtsamkeit wieder aufnehmen.

Zwar muss sich die Wissenschaft über eine Definition von Tagträumen und auch von Achtsamkeit noch einig werden, aber in Bezug auf etwas anderes hat sie einen Konsens erreicht: Eine gewisse Zeit mit *positivem, konstruktivem Tagträumen* zu verbringen, das sich durch spielerische, optimistische innere Bilder und planendes, kreatives Denken auszeichnet, verbessert das Lernen und ist gut für die sich entwickelnden Gehirne der Kinder. Was können Eltern nun in Bezug auf Achtsamkeit und Tagträume daraus lernen? Zwar gibt es keine allgemeingültige Antwort, auf jeden Fall aber sollten wir unseren Kindern helfen, ein Gespür dafür zu entwickeln, wie sie ein Gleichgewicht zwischen beidem finden.

Teil drei

Sich konzentrieren

Eine meiner liebsten Geschichten für Kinder ist *The Carrot Seed*, ein Klassiker von Ruth Krauss aus dem Jahre 1945, illustriert von Crockett Johnson. Darin möchte ein Junge einen Karotten-Samen aussähen, wird aber von seiner ganzen Familie im Hinblick auf sein Vorhaben entmutigt. Sowohl seine Mutter als auch sein Vater äußern Bedenken, dass die Saat nicht aufgehen wird, und sein älterer Bruder ist sich dessen sogar ganz sicher. Auf den nächsten vier Seiten dieses zwölfseitigen Buches geschieht nichts, obwohl der kleine Gärtner seinen Garten eifrig jätet und gießt. „Doch dann, eines Tages", schreibt Krauss, „kam eine Karotte heraus, so wie der kleine Junge es von Anfang an gewusst hatte." Als die harte Arbeit des Jungen sich schließlich auszahlt, bewundert man als Leser seine Entschlossenheit und seine unerschütterliche Zuversicht. Man jubelt, als die Karotte sich durch die Erde nach oben zu schieben beginnt, und man jubelt noch einmal, als er eine Rübe davonrollt, die sogar größer ist als er selbst. In knapp hundert Worten zeigt dieser kleine Junge den Lesern, wie Geduld und weises Selbstvertrauen in Aktion aussehen – zwei Qualitäten, die die Kinder benötigen, damit ihre Aufmerksamkeit stark, stabil und flexibel wird.

Die Kinder und ihre Eltern entwickeln stabile, flexible Aufmerksamkeit durch kurze, aber häufige Zeiten der Selbstbeobachtung, die zunächst unbedeutend wirken mögen. „Praktiziere für kurze Zeiträume, aber häufig", empfiehlt Yongey Mingyur Rinpoche, „wie Wassertropfen, die in ein großes, leeres Gefäß fallen – einer nach dem anderen – und dieses große, leere Gefäß mit der Zeit füllen." Diese Herangehensweise ist nicht nur gut, sie ist auch angemessen, insbesondere dann, wenn man Achtsamkeit mit jungen Menschen praktiziert. Es ist eine Herangehensweise, die Geduld und weises Selbstvertrauen erfordert. In ihrem Buch *Entdecke die Kraft der Meditation (Real Happiness)* schreibt Sharon Salzberg, leitende Meditationslehrerin und Mitbegründerin der *Insight Meditation Society*, man solle sich vorstellen, ein sehr großes Stück Holz mit einer kleinen Axt aufzuspalten zu versuchen. Man schlage neunundneunzigmal auf dieses Stück Holz, aber nichts geschähe. Dann beim hundertsten Mal würde es sich spalten.

Nach diesem hundertsten Schlag möge man sich fragen: „Was habe ich dieses Mal anders gemacht? Habe ich die Axt anders gehalten, stand ich anders da? Warum hat es beim hundertsten Mal geklappt und nicht bei den anderen neunundneunzig Malen?“ Aber selbstverständlich hätten wir all die vorangegangenen Versuche gebraucht, um die Faser des Holzes zu schwächen. Es fühle sich nicht sehr gut an, wenn man erst beim vierunddreißigsten oder fünfunddreißigsten Schlag sei; es käme uns sogar so vor, als ob wir überhaupt keinen Fortschritt machen würden. Aber das tun wir.

Auf dieses Stück Holz zu schlagen, bis es sich spaltet, erfordert Geduld und weises Selbstvertrauen, wie es uns der Junge in *The Carrot Seed* oder auch eine kleine Lokomotive in einem anderen Klassiker der Kinderliteratur aus der gleichen Ära vormacht: *Die kleine blaue Lokomotive* von Arnold Munk, geschrieben unter dem Pseudonym Watty Piper. Die kleine blaue Lokomotive ist viel zu klein, um den langen Zug voller Spielsachen den Berg hinaufzuziehen, doch sie legt los und fängt zu ziehen an. Den ganzen Weg den Berg hinauf sagt sie sich: „Ich glaub', ich kann's, ich glaub', ich kann's, ich glaub', ich kann's.“ Und auf dem ganzen Weg hinab: „Ich hab' geglaubt, dass ich's kann, ich hab' geglaubt, dass ich's kann, ich hab' geglaubt, dass ich's kann…“ Diese beiden Bilderbuchklassiker wurden in einer Zeit verfasst, in der das alltägliche Leben noch viel langsamer ablief als heutzutage. Können Kinder trotz des viel rasanteren Lebenstempos auch heute noch Geduld und weises Selbstvertrauen verkörpern, wie diese beiden beliebten Charaktere? Ich glaube, sie können es – wenn sie sich mehr auf das konzentrieren, was sie tun, anstatt auf mögliche Ergebnisse.

6

ACHTSAM ATMEN

Als ich zum ersten Mal zu meditieren versuchte, befand ich mich mit meinem Ehemann und einer Gruppe mir unbekannter Menschen im Zen Center von New York City. Nachdem ich einige Minuten im Schneidersitz auf einem Kissen gesessen und eine weiße Wand angestarrt hatte, überwältigten mich meine Gedanken und ich stürzte aus dem Zendo, als ob meine Haare in Flammen stünden. Zurückblickend verstehe ich heute, warum ich nicht still sitzen konnte. Meine Familie machte eine schwere Zeit durch, und es war für mich einfach zu beängstigend und zu schmerzlich, mich längere Zeit mir selbst zuzuwenden. Später, als die belastenden Ereignisse, die mich ursprünglich dort hingeführt hatten, sich beruhigten, kehrte ich zur Meditation zurück.

Die Frau, die mir die folgende Geschichte erzählte, tat das leider nicht. Eine kluge, berufstätige Mutter ging die Meditation genau so an, wie sie alles Neue in Angriff nahm – sie las ein paar Bücher, hörte sich einige Audioaufnahmen an und lud eine App herunter. Nachdem sie sich also umfassend informiert hatte, fühlte sie sich gut vorbereitet und begann, für sich allein zu praktizieren. Doch jedes Mal, wenn sie sich hinsetzte, um zu meditieren, wurde sie von Gefühlen der Angst und der Hilflosigkeit überschwemmt. Sie hatte sich von der Meditation erhofft, dass sie ihr helfen würde, mit den Herausforderungen ihres Lebens besser zurechtzukommen, aber egal, welche Technik sie anwandte oder wie sehr sie sich bemühte, sie war nie ruhig, entspannt oder friedlich, wenn sie praktizierte. Stattdessen fühlte sie sich unruhig und überfordert. Dies ist nur eine von vielen Geschichten von Menschen, die wieder zu meditieren aufhörten, weil sie es einfach zu frustrierend fanden.

Kindern fällt das Meditieren oft leicht, während die meisten Eltern sich zunächst schwer tun. Ein berufstätiger Vater mittleren Alters erzählte mir, dass er eine junge Achtsamkeitslehrerin um eine Meditationsanleitung in einfachen, leicht verständlichen Worten gebeten hatte. Sie schlug ihm vor, sich jeden Tag fünf oder zehn Minuten Zeit zu nehmen, sich bequem hinzusetzen oder hinzulegen und sich auf seine Atmung zu konzentrieren. Wenn ihm Gedanken in den Sinn kämen, sollte er sie ignorieren und sich wieder auf seinen Atem konzentrieren. Obgleich er sich diese Anleitung gut einprägte, gelang es ihm nicht, sie zu befolgen. Wenn sein Geist zu denken anfing, wurde er in eine mentale Schleife gesogen, in der er seine Probleme analysierte.

Wenn er nicht dachte, begann er, sich zu langweilen, und schaltete ab. In beiden Fällen hatte dieser hoffnungsvolle neue Meditierende nicht das Gefühl, seine Zeit sinnvoll zu verbringen. Fing er bei der Meditation zu denken an, so meinte er, dass er besser an seinem Schreibtisch sitzen sollte, und wenn er abschaltete, während er meditierte, meinte er, dass es besser wäre, im Liegestuhl im Garten vor sich hin zu träumen.

Die Mutter, die mit dem Meditieren aufhörte, weil sie von intensiven Gefühlen überwältigt wurde, und der Vater, der zu meditieren aufhörte, weil er sich in Gedanken verlor oder abschaltete, sind nur zwei von vielen Menschen, die mir erzählt haben, dass sie sich zur Meditation hingezogen fühlten, weil sie etwas in ihrem Leben in Ordnung bringen wollten, das scheinbar nicht gut lief – ganz ähnlich wie ich selbst vor vielen Jahren. Stellen Sie sich meine Überraschung vor, als ich feststellte, dass Meditation eben dieses Konzept von Selbstverbesserung auf den Kopf stellt. Meinen Perfektionismus gegen mehr Präsenz mit meinen Freunden, meiner Familie und meinen Kollegen einzutauschen, war ein echter Augenöffner für mich, und ich konnte dabei einen Blick auf innere Freiheit erhaschen. In *Die Weisheit der Ausweglosigkeit* schreibt Pema Chödrön, eine der bedeutendsten amerikanischen Lehrerinnen des tibetischen Buddhismus: „Wenn Menschen zu meditieren oder mit irgendeiner anderen spirituellen Disziplin zu arbeiten beginnen, glauben sie oft, dass sie sich irgendwie verbessern werden, was eine Art subtile Aggression gegen den Menschen ist, der sie in Wahrheit sind. Es ist ein bisschen so, als wenn man sagen würde: ‚Wenn ich joggen gehe, werde ich ein viel besserer Mensch werden.'" Sie schreibt weiter: „Bei der Meditationspraxis geht es nicht darum, zu versuchen, uns selbst wegzuschmeißen und etwas Besseres zu werden. Es geht darum, uns mit dem Menschen anzufreunden, der wir in Wahrheit sind." Unser eigener bester Freund zu sein, erfordert eine Verschiebung der Perspektive von der Selbstverbesserung hin zur Akzeptanz dessen, was in uns und um uns herum geschieht. Wenn wir akzeptieren, dass intensive oder schmerzliche Gefühle wie innere Unruhe, Angst, Wut oder Traurigkeit von Zeit zu Zeit auftauchen, normalisieren wir unangenehme Gefühle und erleben, dass wir sie zulassen können. Bei Kindern kann dieser Perspektivwechsel in etwa so aussehen: „Es fällt mir gerade wirklich schwer, still zu sitzen, und das ist in Ordnung. So geht es uns allen manchmal. Ich kann hier sitzen und meinen Körper spüren, all die Energie spüren, die ich habe – mein Herz, das schnell schlägt, meine Beine und Hände, die sich bewegen wollen –, und ich kann einen Atemzug nehmen, auf Geräusche hören und neugierig sein, wie ich mich fühle und wie meine Gefühle sich verändern. Mit mir ist alles in Ordnung."

In vielen kontemplativen Traditionen beginnt das Meditationstraining mit dem achtsamen Atmen, und manche belassen es auch dabei. Es ist eine bemerkenswert einfache, tief greifende Praxis, die jedoch nicht immer leicht ist. Im folgenden Spiel, *Achtsam atmen*, entspannen sich die Kinder und konzentrieren sich darauf, wie es sich im Körper anfühlt, wenn der Atem ein- und ausströmt. Die Kinder verändern die Geschwindigkeit oder die Intensität ihrer Atmung nicht bewusst, wie sie es beim absichtsvollen Atmen tun; stattdessen lassen sie Ebbe und Flut ihres Atems natürlich zu. In ihrem Buch *Die drei Versprechen* schreibt Pema Chödrön davon, wie der Atem ausströmt und sich im Raum auflöst, bevor wir wieder atmen. Das setze sich fort, ohne dass wir uns darum bemühen oder es kontrollieren müssten. Jedes Mal, wenn der Atem ausströmt, lassen wir ihn einfach los. Was auch immer geschieht – unsere Gedanken oder Gefühle oder Geräusche oder Bewegungen um uns herum –, wir üben, es zu akzeptieren, ohne es zu bewerten. Die Gedanken, Gefühle und Empfindungen im Inneren und die Geräusche, Bewegungen und Ablenkungen im Außen wahrzunehmen und zu akzeptieren, kann bei Kindern und Jugendlichen in etwa so aussehen:

Morgen muss ich meine Hausarbeit abgeben; das kann ich unmöglich rechtzeitig schaffen. Okay, das ist nur ein Gedanke. Ich atme ein, ich atme aus. Ich bin total sauer, dass ich nicht zu dem Geburtstagsfest meines Freundes eingeladen bin. Okay, das ist auch ein Gedanke. Einatmen, ausatmen. Ich kann nicht meditieren, wenn es da draußen auf dem Flur so laut ist. Denken. Okay. Ich atme ein, ich atme aus, ich atme ein, ich atme aus. Meine Nase juckt. Das ist eine Empfindung, aber ich benenne jetzt alles, was mir in den Kopf kommt, mit „denken". Ein, aus, ein, aus. Meine Gedanken sind langsamer geworden. Mist, das ist ja schon wieder ein Gedanke! Ein, aus, ein, aus, ein. Ich kann's nicht glauben! Ich habe aufgehört, über meine Atmung nachzudenken! Aaah, ich denke wieder. Okay, benenne es als „Denken". Ich atme ein, ich atme aus.

Achtsam atmen

Wir achten ganz genau darauf, wie sich die Atmung anfühlt, um uns zu entspannen und uns im gegenwärtigen Augenblick auszuruhen.

LEBENSKOMPETENZEN:
Sich konzentrieren

ZIELALTER:
Jedes Alter

SPIELANLEITUNG

1. Legt euch auf den Rücken, die Beine flach auf den Boden und die Arme seitlich an euren Körper. Wenn ihr möchtet, könnt ihr die Augen schließen.
2. Spürt, wie euer Hinterkopf den Boden berührt. Spürt die Schultern auf dem Boden, spürt den oberen Rücken, die Arme, die Hände, den unteren Rücken, die Beine und die Füße.
3. Nehmt wahr, wie es sich anfühlt, ein- und auszuatmen. Es gibt keine richtige oder falsche Art zu atmen – es ist nicht wichtig, ob eure Atmung schnell oder langsam, tief oder flach ist.
4. Nehmt wahr, wo ihr den Atem am deutlichsten spürt. Spürt ihr unter der Nase, wie die Luft ein- und ausströmt? Spürt ihr, wie der Bauch sich auf und ab bewegt? Spürt ihr, wie die Lungen sich mit Luft füllen?
5. Wählt die stärkste dieser Empfindungen aus und achtet einige Atemzüge lang genau auf diesen Bereich.
6. Versucht jetzt, ganz genau auf eure Einatmung zu achten. Könnt ihr den Moment wahrnehmen, in dem ihr einzuatmen beginnt, und dem Gefühl des Einatmens dann bis zu dem *allerersten Moment* der Ausatmung folgen? Wenn es euch schwerfällt, bei

der Einatmung zu bleiben, sagt jedes Mal, wenn ihr einatmet, im Stillen das Wort „ein".

Lassen Sie die Kinder das ein oder zwei Minuten lang ausprobieren.

7. Könnt ihr den Moment wahrnehmen, in dem ihr auszuatmen beginnt, und dem Gefühl des Ausatmens dann bis zu dem allerersten Moment der Einatmung folgen? Wenn es euch schwerfällt, bei der Ausatmung zu bleiben, sagt jedes Mal, wenn ihr ausatmet, im Stillen das Wort „aus".

   Lassen Sie die Kinder dies ein paar Atemzüge lang ausprobieren.
8. Lasst uns das Ganze jetzt zusammensetzen und in jedem einzelnen Augenblick sorgfältig auf den gesamten Atem achten. Wenn es euch schwerfällt, bei der Atmung zu bleiben, sagt jedes Mal, wenn ihr einatmet, im Stillen das Wort „ein" und jedes Mal, wenn ihr ausatmet, im Stillen das Wort „aus".

   Lassen Sie die Kinder dies ein paar Atemzüge lang ausprobieren.
9. Lasst uns mal sehen, wie unser Körper sich jetzt anfühlt. Spürt, wie euer Hinterkopf den Boden berührt; spürt die Schultern auf dem Boden, spürt den oberen Rücken, die Arme, die Hände, den unteren Rücken, die Beine und die Füße.
10. Wenn ihr bereit seid, öffnet die Augen und setzt euch langsam auf. Nehmt einen Atemzug, und nehmt wahr, wie ihr euch fühlt.

TIPPS

1. Viele Kinder meditieren am liebsten im Liegen, aber *Achtsam atmen* kann auch im Sitzen oder Stehen praktiziert werden.
2. Wenn es den Kindern schwerfällt, bei *Achtsam atmen* still zu halten, ist es für sie oft hilfreich, langsam und kontrolliert von Seite zu Seite zu pendeln.

3. Angesichts der Unmengen an Informationen, die Kinder in jedem Moment verarbeiten, ist es kein Wunder, wenn ihnen die Verengung ihres Aufmerksamkeitsfeldes und die Konzentration auf die Empfindung der Atmung Schwierigkeiten bereiten. Deshalb beinhalten diese Anleitungen eine Strategie, die von Meditierenden seit vielen Generationen angewandt wird: Falls es euch schwerfällt, euch auf die Atmung zu konzentrieren, sagt im Stillen das Wort „ein", wenn ihr einatmet, und „aus", wenn ihr ausatmet.
4. Geben Sie den Kindern und Jugendlichen Gelegenheit, nach dem achtsamen Atmen (oder anderen introspektiven Aktivitäten) über ihre Gefühle und Erfahrungen zu sprechen. Die Nachbesprechung kann von einigen Worten von jedem Teilnehmenden bis zu einem ausführlichen Gespräch reichen.
5. Lassen Sie die Kinder von Zeit zu Zeit prüfen, ob ihr Körper angespannt ist, und ermuntern Sie sie, sich zu entspannen.

Ein leichtes Kissen (oder einen anderen weichen Gegenstand, der nicht schwer ist) auf den Bauch zu legen, hilft Meditationsanfängern, sich auf die mit der Atmung einhergehenden Empfindungen zu konzentrieren. Bei dem folgenden Spiel haben kleine Kinder ein Stofftier auf dem Bauch und tun so, als ob sie es mit dem Auf und Ab ihrer Atmung in den Schlaf schaukeln. Bei älteren Kindern oder Jugendlichen ersetzt ein Kissen, Polster oder ein anderer weicher, nicht allzu schwerer Gegenstand das Kuscheltier.

Ein Stofftier mit der Atmung in den Schlaf wiegen

Wir tun so, als ob wir ein Stofftier auf unseren Bäuchen in den Schlaf wiegen, und entspannen auf diese Weise unseren Körper und lassen unseren Geist still werden. Während wir einatmen, schaukelt das Tier nach oben; während wir ausatmen, schaukelt das Tier nach unten zurück.

LEBENSKOMPETENZEN:
Sich konzentrieren

ZIELALTER:
Jüngere Kinder (mit einer Modifikation für ältere Kinder und Jugendliche)

SPIELANLEITUNG

1. Legt euch auf den Rücken, die Beine flach auf den Boden und die Arme seitlich an den Körper. Wenn ihr möchtet, könnt ihr die Augen schließen. Jetzt werde ich jedem von euch ein Stofftier auf den Bauch legen.
2. Spürt, wie euer Hinterkopf den Boden berührt. Spürt die Schultern auf dem Boden, spürt den oberen Rücken, die Arme, die Hände, den unteren Rücken, die Beine und die Füße. Ihr könnt das Stofftier auf eurem Bauch auch berühren und wahrnehmen, wie sich das anfühlt.
3. Jetzt nehmt wahr, wie es sich anfühlt, ein- und auszuatmen und dabei das Tier mit der Atmung auf und ab zu bewegen. Wie fühlt sich euer Körper an? Ist euer Geist beschäftigt?
   Warten Sie eine bis drei Minuten, bevor Sie mit der folgenden Anleitung fortfahren.

4. Wenn es euch schwerfällt, euren Geist bei der Atmung zu halten, sagt im Stillen das Wort „hoch“, jedes Mal, wenn sich das Tier nach oben bewegt, und „runter“, wenn sich das Tier nach unten bewegt.
5. Lasst uns mal sehen, wie unser Körper sich jetzt anfühlt. Spürt, wie euer Hinterkopf den Boden berührt. Spürt die Schultern auf dem Boden, spürt den oberen Rücken, die Arme, die Hände, den unteren Rücken, die Beine und die Füße.
6. Wenn ihr bereit seid, öffnet die Augen und setzt euch langsam auf. Nehmt einen Atemzug und nehmt wahr, wie ihr euch fühlt. Fühlt ihr euch anders als zuvor?

Der Geist ist zum Denken da. Allerdings neigt das Denken dazu, die Meditierenden mit Geschichten über die Vergangenheit und die Zukunft abzulenken. Das Zählen wird von Meditationsanfängern oft als Anker für die Aufmerksamkeit verwendet, weil es die ganz natürliche Tendenz zu denken nutzt und dabei die Gedanken auf ein einziges Wort einengt. Zählen ist auch außerhalb von Meditationskreisen eine bekannte Strategie, um den beschäftigten Geist zu beruhigen. Menschen, die unter Schlaflosigkeit leiden, empfiehlt man seit eh und je, Schäfchen oder rückwärts zu zählen, um einschlafen zu können. Dr. Alan Wallace, Autor zahlreicher Bücher über Achtsamkeit und Meditation, unter anderem von *Genuine Happiness: Meditation as the Path to Fulfillment,* bezeichnet die gezählten Atemzüge als „Stützräder der Meditation“, da das Zählen den Geist der Meditierenden beschäftigt hält, bis die Gedanken langsamer werden und zur Ruhe kommen können.

Atemzüge zählen

Wir zählen Atemzüge, um Konzentration zu entwickeln. Es ist, wie wenn man Sport macht oder ein Instrument spielt: Je mehr wir üben, desto besser können wir uns konzentrieren.

LEBENSKOMPETENZEN: Sich konzentrieren

ZIELALTER: Jedes Alter

SPIELANLEITUNG

1. Setzt euch mit geradem Rücken und entspanntem Körper hin und lasst eure Hände sanft auf den Knien ruhen.
2. Atmet natürlich ein und sagt still „eins". Entspannt dann eure Stirn, während ihr ausatmet.
   Heben Sie einen Finger, und warten Sie, bis alle ein- und ausgeatmet haben.
3. Lasst uns das wiederholen. Atmet natürlich ein und sagt still „zwei". Entspannt dann euren Hals und eure Schultern, während ihr ausatmet.
   Heben Sie zwei Finger.
4. Atmet jetzt ein, sagt still „drei" und entspannt euren Bauch, während ihr ausatmet.
   Heben Sie drei Finger.
5. Lasst es uns noch einmal versuchen, aber dieses Mal werde ich nichts sagen. Passt euren Atem an die Bewegungen meiner Hand an und zählt still für euch selbst. Vergesst nicht, euch zu entspannen, wenn ihr ausatmet.
6. *Gesprächsthemen: Hat sich euer Geist beruhigt, während ihr eure Atemzüge gezählt habt? Habt ihr euch entspannt? Wie lange hat das gedauert? Ist euer Geist wieder angesprungen oder ist er ruhig geblieben?*

TIPPS

1. Jüngere Kinder, die noch nicht im Kopf zählen können, können die Atemzüge mit den Fingern zählen. Bitten Sie sie, Ihre Bewegungen nachzumachen, wenn Sie einen, zwei und dann drei Finger heben.
2. Als Familie kann man sich am Esstisch damit abwechseln, das Zählen drei Atemzüge lang anzuleiten. Die erste Person beginnt und führt still drei Atemzüge an, indem sie erst einen, dann zwei und schließlich drei Finger hebt. Wer auch immer rechts von dieser Person sitzt, der macht mit dem Zählen weiter, indem er einen Finger hebt und die nächste Reihe von drei Atemzügen anführt. So geht es weiter, bis jeder am Tisch einmal an der Reihe war.
3. Regen Sie die Kinder zu dem Experiment an, nur die Einatmung zu zählen, um sich belebt und wach zu fühlen, oder nur die Ausatmung, um sich entspannt und ruhig zu fühlen.
4. Für einige ältere Kinder sowie für Jugendliche und Eltern kann es sinnvoll sein, von eins bis zehn (anstatt von eins bis drei) zu zählen, andere wiederum finden das Zählen bis zu einer kleineren Zahl effektiver. Versuchen Sie beides, um zu sehen, was für Sie gut funktioniert.
5. Sie können auch auf die Einatmung „ein, eins, eins..." zählen:
   - Bitten Sie die Kinder, still „eins, eins, eins..." zu sagen, während sie einatmen. Bitten Sie sie, sich zu entspannen, während sie ausatmen.
   - Lassen Sie sie beim nächsten Atemzug still „zwei, zwei, zwei..." zählen. Bitten Sie sie wieder, sich zu entspannen, während sie ausatmen.
   - Fahren Sie mit dieser Übung bis zu zehn Atemzüge lang fort.
   - Probieren Sie aus, „eins, eins, eins" während der Ausatmung – anstatt während der Einatmung – zu zählen.

Das folgende Spiel beinhaltet eine Bewegungssequenz, die spielerisch das Selbstgewahrsein von jüngeren Kindern fördert und ihnen ein Gespür für ihren Körper in Beziehung zu den sie umgebenden Menschen und Gegenständen vermittelt. Hier ein paar Tipps, bevor Sie das Spiel anleiten: Es ist hilfreich, ein Bild einer Standuhr zu haben, um jüngeren Kindern zu zeigen, wie ein Pendel aussieht. Die Kinder sitzen während des Spiels auf dem Boden, man kann *Tick-Tack* aber auch im Stehen oder auf einem Stuhl sitzend spielen.

Tick-Tack

Wir pendeln von Seite zu Seite, wie das Pendel einer Uhr, während wir einen Reim singen. Dieses Spiel unterstützt uns dabei, Körperbewusstsein zu entwickeln und unseren Körper kontrolliert zu bewegen.

LEBENSKOMPETENZEN:	ZIELALTER:
Sich konzentrieren	Jüngere Kinder

SPIELANLEITUNG

1. *Gesprächsthemen: Welches Geräusch macht eine Uhr? Weiß jeder, was eine Pendeluhr ist? Weiß jeder, was ein Pendel ist?*
2. Jetzt werden wir üben, von Seite zu Seite zu pendeln, wie das Pendel einer Uhr. Setzt euch mit geradem Rücken und entspanntem Körper hin und lasst eure Hände auf dem Boden seitlich an eurem Körper ruhen.
3. Lasst uns alle gemeinsam unsere rechte Hand heben. Legt eure Hand auf den Boden neben euch und lehnt euren Körper nach rechts. Jetzt schiebt den Körper nach links und stützt euer Gewicht mit der linken Hand auf dem Boden ab. Schaukelt dann

zurück zur rechten Hand. Könnt ihr spüren, wie sich euer Körper nach rechts, in die Mitte und nach links bewegt?

4. Jetzt lasst uns „Tick-Tack" sagen, wenn wir von Seite zu Seite pendeln. „Tick-Tack, Tick-Tack..."
5. Wir hören gleich auf zu pendeln. Lasst uns vorher alle zusammen diesen Reim sagen: „Tick – Tack – wie eine – Uhr – bis ich – meine – Mitte find' – STOPP."
6. Lasst uns genauso enden, wie wir angefangen haben, mit geradem Rücken und entspanntem Körper. Legt die Hände auf die Knie und nehmt ein paar Atemzüge.

TIPPS

1. *Atemzüge zählen* und dabei die Hände bewegen macht Spaß und kann das *Tick-Tack-Spiel* erweitern. Nachdem die Kinder „Stopp" gesagt haben, heben Sie einen Finger. Alle nehmen einen Atemzug. Heben Sie einen zweiten Finger und alle nehmen noch einen Atemzug. Dann heben Sie einen dritten Finger und alle nehmen einen dritten Atemzug.
2. Eine weitere beliebte Erweiterung von *Tick-Tack* ist *Ein verklingender Ton,* ein Spiel zum achtsamen Zuhören für jüngere Kinder, das später im Buch beschrieben wird.
3. Die Kinder können auch zum Schlag einer Trommel hin und her pendeln.

7

DIE TASCHENLAMPE DER AUFMERKSAMKEIT

Oft sagen wir den Kindern, sie sollen „aufmerksam sein", erklären ihnen aber nicht, was wir damit meinen, oder bringen ihnen nicht bei, wie das geht. Warum nicht? Weil auch die Erwachsenen meist nicht viel darüber wissen, wie Aufmerksamkeit funktioniert; und selbst wenn sie Aufmerksamkeit intellektuell verstehen, haben sie oft keine Erfahrung damit, wie man sie absichtsvoll entwickeln kann. An dieser Stelle können Achtsamkeit und Meditation hilfreich sein. Es dauert nicht lange, bis man auf dem Kissen aus erster Hand erfährt, dass Achtsamkeit zwei Arten der Aufmerksamkeit fördert, die außerordentlich nützlich sind: eine fokussierte Art, die uns hilft, uns zu konzentrieren, mit Ablenkungen umzugehen und ein unmittelbares Ziel zu erreichen, sowie eine offenere, empfänglichere Art, die eine Quelle von Spiel, Kreativität und Emotionsregulation ist.

In Anlehnung an den Kontemplationsexperten und Autoren Andrew Olendzki und seinen Beitrag in dem Buch *Clinical Handbook of Mindfulness* nenne ich diese zwei Arten der Aufmerksamkeit die *Taschenlampe* und das *Flutlicht der Aufmerksamkeit*. Die Taschenlampe der Aufmerksamkeit ist ein klarer, beständiger, schmaler Strahl, der einen einzelnen Gegenstand beleuchtet. In der Meditation wird dieser Gegenstand *Anker* genannt, und Spiele, bei denen die Kinder sich auf einen Anker konzentrieren und alles andere ausblenden sollen, heißen *Ankerspiele*. Der Anker kann ein Gegenstand (eine Blume) sein oder auch durch mehrere Gegenstände (ein Blumenstrauß) repräsentiert werden. Das Flutlicht der Aufmerksamkeit ist ein breiter, empfänglicher Strahl, der ein weites Feld der sich verändernden Erfahrung beleuchtet.

Spiele, die das Flutlicht der Aufmerksamkeit nutzen, werden *Bewusstseinsspiele* genannt. Ankerspiele werden in diesem Kapitel vorgestellt, Bewusstseinsspiele in Kapitel 11.

Die Taschenlampe der Aufmerksamkeit ermöglicht den Kindern, wachsam und konzentriert zu bleiben und sich nicht ablenken zu lassen. Die Kinder können genauso wachsam und konzentriert bleiben und sich nicht ablenken lassen, wenn sie das Flutlicht der Aufmerksamkeit nutzen – bei den beiden Arten, aufmerksam zu sein, handelt es sich nicht um zwei völlig verschiedene Dinge, es ist jedoch hilfreich, es auf diese Weise zu erklären. Der Meditationslehrer Chögyam Trungpa Rinpoche, der einer der Ersten war, der die Konzepte des tibetischen Buddhismus in weltliche Begriffe übersetzte und in den Westen brachte, lehrte, dass die Taschenlampe der Aufmerksamkeit (also nicht abgelenkte, wachsame und konzentrierte Aufmerksamkeit) fünfundzwanzig Prozent des Flutlichts der Aufmerksamkeit ausmacht; insofern gibt es ohne die Taschenlampe auch kein Flutlicht.

Beide Arten, aufmerksam zu sein, werden durch eine Reihe miteinander verbundener neuronaler Netzwerke reguliert, die als *Exekutivfunktionen* bekannt sind und die zielorientiertes Verhalten „top down" steuern. Anders formuliert, sie verarbeiten Informationen aus dem Kopf zuerst, im Gegensatz zur „bottom-up"-Verarbeitung, die mit körperlichen Empfindungen beginnt. Die neuronalen Netzwerke, die die Exekutivfunktionen regulieren, werden durch *Konzentration* gestärkt. Wie Gewichtheben eine körperliche Übung ist, die die Muskeln stärker werden lässt, so ist Konzentration eine mentale Übung, durch die neue neuronale Bahnen entstehen und bereits existierende verstärkt werden. Dies ist sowohl ein Beispiel für die *Ursache-und-Wirkung-Thematik* als auch für das, was die Wissenschaftler *Neuroplastizität* nennen – die Fähigkeit der Neuronen und neuronalen Netzwerke im Gehirn, sich in Reaktion auf Erfahrungen zu verändern. Neurowissenschaftler beschreiben Neuroplastizität gerne mit den Worten „Neuronen, die zusammen feuern, vernetzen sich miteinander", mit anderen Worten, je mehr die Kinder ein bestimmtes neuronales Netzwerk benutzen, desto größer der Effekt. Die Exekutivfunktionen haben im Hinblick auf den akademischen, sozialen und emotionalen Erfolg von Kindern eine ausgesprochen gute Vorhersagekraft, und sie sind für Kernfähigkeiten verantwortlich, die die Kinder permanent brauchen – zum Beispiel das Erinnern von Informationen, die Selbstregulation, die Wahrnehmung und die Aufmerksamkeitssteuerung. Wenn scheinbar einfache Kinderspiele von den Kindern erfordern, dass sie aufmerksam sind, sich an die Regeln erinnern und sich kontrollieren können, entwickeln sich diese wichtigen Exekutivfähigkeiten.

Die Forschung im Kinder- und Jugendbereich steckt noch in den Kinderschuhen, aber die bislang veröffentlichten Studien weisen darauf hin, dass Achtsamkeit und Meditation die Exekutivfunktionen fördern. Eine der ersten Veröffentlichungen berichtet über eine Studie zum *Inner-Kids*-Programm, die von Dr. Susan Smalley geleitet und im *Journal of Applied School Psychology* publiziert wurde. In dieser randomisierten Kontrollgruppenstudie wurden vierundsechzig Zweit- und Drittklässler in der Schule untersucht. Im *Handbook of Mindfulness and Education* schreiben Dr. Brian Galla und Dr. David Black (in einem Kapitel, zu dem ich ebenfalls beigetragen habe):

> *Kinder mit anfangs niedrigerer Selbstregulierung, die am Inner-Kids-Training teilnahmen, zeigten danach im Vergleich zu den Kindern in der Kontrollgruppe signifikante Verbesserungen in Bezug auf die Selbstregulierung. Ein ähnliches Veränderungsmuster zeigte sich für die von Lehrern*

und Eltern berichtete Selbstregulierung, was vermuten lässt, dass diese Verbesserungen in der Selbstregulierung der Kinder sich auch auf Settings außerhalb der Schule generalisiert haben. Basierend auf Berichten von Lehrern und Eltern, zeigten die Kinder mit anfänglich niedrigerer Selbstregulierung, die an dem Inner-Kids-Training teilnahmen, signifikante Verbesserungen in ihrer Fähigkeit, Aufgaben zu initiieren, mit der Aufmerksamkeit zwischen Aufgaben hin und her zu wechseln und ihre eigenen Leistungen wahrzunehmen. Interessanterweise könnten Verbesserungen auf diesen drei Gebieten jene Fähigkeiten reflektieren, die während des Achtsamkeitstrainings geübt werden, unter anderem die Fokussierung der Aufmerksamkeit auf eine körperliche Empfindung (initiieren), die Aufrechterhaltung der Konzentration über eine bestimmte Zeitspanne (wahrnehmen) und das Zurückbringen der Aufmerksamkeit zu der Empfindung, nachdem sie abgeschweift ist (verschieben). Zwar sind die Ergebnisse dieser Studie noch als vorläufig zu betrachten, doch sie liefern interessante Hinweise darauf, dass Achtsamkeitstraining besonders nützlich für ansonsten gesunde junge Menschen mit relativ niedrigen Selbstregulationsfähigkeiten sein könnte. (Übers., L.B.)

Die Ankerspiele in diesem Kapitel stärken die Aufmerksamkeit der Kinder, da sie sich auf ein Objekt konzentrieren, es wahrnehmen, wenn sie abgelenkt sind, und ihre Aufmerksamkeit dann wieder auf das Objekt richten. Bei der Anleitung von Ankerspielen werden oft die Begriffe *Anker, Konzentration* und *Ablenkung* benutzt. Es ist hilfreich, diese Begriffe vorher zu definieren, etwa indem man sagt: „Euer Anker ist etwas, das ihr euch aussucht, um euch darauf zu konzentrieren, etwas, das jetzt gerade da ist. Konzentration bedeutet, sich auf den Anker zu konzentrieren. Und Ablenkung bedeutet, dass eure Aufmerksamkeit bei etwas anderem ist."

Lass die Affen fallen! ist eine ausgesprochen nützliche visuelle Demonstration, wie die Kinder mit den Gedanken, Gefühlen und Empfindungen umgehen können, die während der Ankerspiele auftauchen. Es ist auch ein wunderbares Werkzeug für die Leitung einer Gruppe, das Verspieltheit und

Humor in die Nachbesprechung von introspektiven Übungen bringt. Mithilfe eines Spielzeugs namens *Affenfassen*, das aus kleinen bunten Plastikaffen und einem Fass besteht, können die Kinder mit den Gedanken, die ihre Aufmerksamkeit entführt haben, Spaß haben.

Lass die Affen fallen!

Wir reihen bunte Plastikaffen in einer Kette aneinander, um zu zeigen, wie wir unsere Gedanken wahrnehmen und sie dann loslassen können.

LEBENSKOMPETENZEN:	ZIELALTER:
Sich konzentrieren, wahrnehmen	Jüngere Kinder, ältere Kinder

DEMONSTRATIONSANLEITUNG

1. *Gesprächsthemen: Habt ihr schon einmal bemerkt, dass ihr von einem Gedanken an etwas, das in der Vergangenheit geschehen ist, oder etwas, das möglicherweise in der Zukunft geschehen könnte, abgelenkt wurdet, anstatt eure Aufmerksamkeit darauf zu richten, was im Moment geschieht? Was könnten Beispiele dafür sein?*
2. In diesem Spiel stellt jeder Affe einen Gedanken, ein Gefühl oder eine Empfindung dar, die unsere Aufmerksamkeit ergriffen hat. *Geben Sie ein Beispiel für einen ablenkenden Gedanken und halten Sie einen Affen hoch.*
3. Jetzt nennt ihr mir ein Beispiel. Für jede Ablenkung, die uns einfällt, werde ich der Kette einen weiteren Affen hinzufügen. *Nehmen Sie etwa drei bis vier Beispiele der Kinder und fügen Sie für jedes Beispiel einen Affen der Kette hinzu.*
4. All diese Affen können wir loslassen, stimmt's? Wir brauchen uns im Moment nicht von diesen Gedanken und Gefühlen ablenken zu lassen. Lassen wir sie also fallen.

Lassen Sie die Affenkette in das Fass zurückfallen.

5. Das hat Spaß gemacht. Lasst es uns noch einmal versuchen. Fallen euch noch mehr Beispiele ein?

TIPPS

1. Zwar kann man das Fass mit den Affen bei jüngeren Kindern mehr wie ein Spielzeug verwenden, es kann aber auch bei der Arbeit mit älteren Kindern (und Erwachsenen!) ein wertvolles visuelles Hilfsmittel sein.
2. Erweitern Sie die Demonstration noch, indem Sie am Ende ein Gespräch anleiten. Hier sind einige Gesprächsthemen: *Wie oft wandert euer Geist von der Gegenwart in die Vergangenheit oder in die Zukunft? Bleiben die Gedanken und Gefühle gleich oder verändern sie sich im Laufe der Zeit?*
3. *Lass die Affen fallen!* hilft den Kindern, Ablenkungen in Erfolgserlebnisse zu verwandeln. Halten Sie die Affenkette hoch, und fragen Sie die Kinder, wie man den Moment nennt, in dem sie bemerken, dass sie abgelenkt sind. Die Kinder rufen: „Achtsamkeit!", denn sie wissen in diesem Augenblick ja, wo ihr Geist ist.
4. Gelegentlich sprechen die Kinder ein ernstes Thema an, das ein eingehenderes Gespräch erfordert. Wenn der Zeitpunkt und der Ort stimmig sind, ist das eine gute Gelegenheit, darüber zu sprechen, was die Kinder auf dem Herzen haben. Aber manchmal wird ein heikles Thema zu einer unpassenden Zeit angesprochen. Wenn das passiert, erkennen Sie das Anliegen des Kindes an, wechseln Sie dann aber den Tonfall und das Thema des Gesprächs. Sprechen Sie es dann später mit dem Kind unter vier Augen nochmals an, zu einer passenderen Zeit und an einem geeigneten Ort.

Im nächsten Spiel suchen sich die jungen Meditierenden einen Atemanker, indem sie wahrnehmen, wo sie ihren Atem am deutlichsten spüren können – an der Nase, in der Brust oder im Bauch.

Suche dir einen Atemanker

Wir achten darauf, wo wir unsere Atmung am deutlichsten wahrnehmen – an der Nase, in der Brust oder im Bauch –, um uns zu entspannen und uns auf den gegenwärtigen Moment zu konzentrieren.

LEBENSKOMPETENZEN:	ZIELALTER:
Sich konzentrieren	Jedes Alter

SPIELANLEITUNG

1. Setzt euch mit geradem Rücken und entspanntem Körper hin, lasst die Hände sanft auf den Knien ruhen und schließt die Augen, wenn es für euch angenehm ist. Nehmt wahr, wie es sich jetzt gerade anfühlt, ein- und auszuatmen.
2. Legt einen Finger unter eure Nase und fühlt, wie euer Atem ein- und ausströmt. Könnt ihr es spüren?
3. Legt dann eine Hand auf die Brust auf euer Herz. Könnt ihr spüren, wie sich eure Hand bewegt, während ihr atmet?
4. Jetzt legt eine Hand auf den Bauch und spürt dort die Bewegung eurer Atmung.

5. Legt die Hände zurück auf die Knie und atmet ganz natürlich. Nehmt wahr, wo ihr die Bewegung des Atems am deutlichsten spüren könnt. Ist es direkt unter der Nase, in der Brust oder im Bauch?
6. Jetzt sucht euch bitte eine Stelle, an der ihr eure Atmung besonders deutlich spüren könnt, und konzentriert euch dort darauf. Das ist die Stelle, die ich meine, wenn ich das Wort „Anker" verwende. Wir werden diesen Anker während des restlichen Spiels benutzen. Wenn ihr also noch einmal überprüfen wollt, wo ihr euren Atem am deutlichsten spüren könnt, dann macht das jetzt.
7. Lasst es uns noch ein paar Atemzüge lang gemeinsam versuchen. Versucht, euren Körper zu entspannen und gleichzeitig eure Aufmerksamkeit sanft auf eurem Anker ruhen zu lassen. Auf diese Weise ruhen wir in der Bewegung unseres Atems.

TIPPS

1. *Suche dir einen Atemanker* kann auch im Liegen oder im Stehen geübt werden.
2. Wenn Sie mehrere Kinder anleiten, bitten Sie sie, eine Hand auf den Kopf zu legen, wenn sie sich für einen Anker entschieden haben. Warten Sie, bis alle einen Anker haben, bevor Sie fortfahren.
3. Es kann hilfreich sein, die Aktivität mit einem entspannenden Body-Scan zu beginnen. Zum Beispiel: „Spürt eure geschlossenen Augenlider, spürt eure entspannten Schultern, spürt eure Hände, die die Knie berühren, spürt eure Beine, die den Boden oder den Stuhl berühren..."
4. Wenn die Kinder schon etwas daran gewöhnt sind, für längere Zeiträume zu sitzen, können Sie diese Aktivität durch einige Minuten *Achtsam atmen* erweitern.

5. Um das Spiel zu variieren, bitten Sie die Kinder, sich ein anderes, einfaches, neutrales Objekt auszusuchen, um ihre Aufmerksamkeit zu verankern. Das kann ein Geräusch, eine Empfindung oder das Zählen von Atemzügen sein.

Ein weiterer oft verwendeter Anker für die Aufmerksamkeit ist Klang. Im nächsten Spiel lauschen die Kinder einem Ton, der laut anfängt und dann langsam leiser wird. Wie alle Ankerspiele fördert das Spiel *Ein verklingender Ton* die Lebenskompetenz „Konzentration", es führt aber auch in das Thema „alles verändert sich" ein. Fragen Sie die Kinder am Ende des Spiels: „Was ist mit dem Ton passiert?"

Ein verklingender Ton

Wir lauschen auf den Klang eines Tones, der langsam leiser wird, um uns zu entspannen und uns zu konzentrieren.

LEBENSKOMPETENZEN:
Sich konzentrieren

ZIELALTER:
Jüngere Kinder, ältere Kinder

SPIELANLEITUNG

1. Setzt euch mit geradem Rücken und entspanntem Körper hin und lasst eure Hände sanft auf den Knien ruhen. Wenn ihr möchtet, könnt ihr die Augen schließen.
2. Wenn ich die Glocke anschlage, lauscht darauf, wie der Klang des Tons langsam leiser wird. Hebt eure Hand, wenn ihr den Ton nicht mehr hören könnt, wenn der Ton also aufgehört hat.

3. Ich schlage die Glocke noch ein paar Mal an. Manchmal ist der Ton kurz und manchmal ist er lang. Seid ganz aufmerksam, so dass ihr die Hand heben könnt, sobald ihr den Ton nicht mehr hört.
4. *Gesprächsthemen: Wie war es, auf den Ton zu lauschen? Wie fühlt ihr euch jetzt? Fühlt sich euer Körper entspannt an? Ist euer Geist beschäftigt oder ruhig? Was glaubt ihr, ist mit dem Ton geschehen, nachdem er aufgehört hat – wo ist er hingegangen?*

TIPPS

1. Nach der ersten Runde können Sie das Spiel ohne Worte wiederholen:
   - Legen Sie eine Hand auf Ihren Bauch, als wollten Sie Ihre Atmung spüren – das ist die Aufforderung an die Kinder, das ebenfalls zu tun, und es signalisiert ihnen, dass das Spiel jetzt anfängt. Warten Sie, bis alle so weit sind, bevor Sie fortfahren.
   - Schlagen Sie die Glocke an, legen Sie eine Hand an Ihr Ohr und lassen Sie die Kinder auf diese Weise wissen, dass es Zeit ist, sich auf den Klang des Tones zu konzentrieren.
   - Die Kinder heben die Hände, sobald sie den Ton nicht mehr hören. Warten Sie, bis alle Kinder die Hände gehoben haben, bevor Sie fortfahren. Falls notwendig, heben Sie Ihre Hand, wenn der Ton verklungen ist, so dass die Kinder wissen, dass sie ebenfalls die Hände heben sollen.
   - Wiederholen Sie diesen Ablauf zwei weitere Male (also insgesamt dreimal).
2. *Ein verklingender Ton* ist auch ein tolles Spiel, wenn man gemeinsam am Esstisch sitzt.

3. Beachten Sie, dass die Kinder den Ton zu unterschiedlichen Zeitpunkten nicht mehr werden hören können.
4. Mit *Ein verklingender Ton* kann man das *Tick-Tack-Spiel* kreativ erweitern. Lassen Sie die Glocke erklingen, wenn die Kinder ihre Mitte gefunden haben und nicht länger von Seite zu Seite pendeln.
5. Hier sind noch weitere Möglichkeiten, das Spiel zu erweitern oder zu variieren:
   - Bitten Sie die Kinder, die Augen offen zu halten. Legen Sie einen Gegenstand vor sie hin, auf den sie sich konzentrieren sollen, zum Beispiel einen glatten Stein. Wenn Sie in einem Kreis sitzen, legen Sie den Stein oder einen anderen Gegenstand in die Mitte.
   - Variieren Sie die Länge des Tones. Verkürzen Sie den Ton, indem Sie die Glocke mit einer Hand abdämpfen, oder verlängern sie ihn, indem Sie die Glocke besonders laut erklingen lassen. Verlängern Sie den Ton nur solange, wie die Kinder sich gut konzentrieren können; lassen Sie die Glocke verstummen, wenn die Kinder unruhig werden.
   - Läuten Sie die Glocke mehrmals, und bitten Sie die Kinder, zu zählen, wie viele Töne sie hören.
   - Nehmen Sie andere Klänge hinzu, indem Sie eine Stimmgabel, eine Rassel oder andere Instrumente benutzen. Fragen Sie die Kinder, wie viele verschiedene Klänge sie gehört haben, und bitten Sie sie, diese zu beschreiben. Lassen Sie sie danach raten, welche Instrumente sie gehört haben.

Es ist für die meisten Kinder nicht leicht, für längere Zeit ruhig zu bleiben. Daher sind Spiele wichtig, die den Kindern eine Möglichkeit geben, sich zu strecken, zu schütteln und sich gemeinsam zu bewegen – das macht nicht nur Spaß, sondern ist auch ausgesprochen nützlich, damit die Kinder sich der Verbundenheit zwischen ihrem Geist und ihrem Körper bewusst werden. Spielerische Wahrnehmungsaktivitäten, bei denen die Kinder sich aufeinander abgestimmt bewegen, helfen den Kindern, ihre physischen Grenzen zu spüren; beispielsweise bei Spielen, in denen die Kinder so nah wie möglich an eine andere Person oder einen Gegenstand herankommen, ohne diese jedoch zu berühren. Es ist auch sinnvoll, Bewegungsspiele vor längeren Zeiträumen der Meditation mit älteren Kindern und Jugendlichen zu machen, da sie den Übenden helfen, sich zu beruhigen. Allerdings haben achtsame Bewegungsaktivitäten noch mehr zu bieten als die Gelegenheit, sich zu bewegen und zu strecken. Sie helfen den Kindern, Selbstregulierung zu entwickeln; sie ermöglichen auch jenen, denen das Stillsitzen schwerfällt, eine positive Erfahrung beim Praktizieren; und sie geben allen die Gelegenheit, überschüssige Energie freizusetzen.

Die folgenden drei Aktivitäten sind Ankerspiele, die Bewegung beinhalten und die Taschenlampe der Achtsamkeit aktivieren. Bei dem Spiel *Langsames Gehen in Stille* verankern die Kinder ihre Aufmerksamkeit in den Empfindungen in ihren Füßen und Beinen, während sie einen Schritt machen. Zur Vorbereitung markieren Sie mit Klebeband oder Gegenständen einen Anfangs- und einen Endpunkt in etwa zwei Metern Distanz. Signalisieren Sie den Kindern durch das Läuten einer Glocke, dass sie mit dem Gehen beginnen sollen. Falls Sie keine Glocke haben, können Sie den Kindern auch einfach ein Stichwort geben.

Langsames Gehen in Stille

Wir gehen langsam und absichtsvoll. Jedes Mal, wenn wir einen Schritt machen, spüren wir die Empfindungen in unseren Füßen und Beinen.

LEBENSKOMPETENZEN:	ZIELALTER:
Sich konzentrieren	Jedes Alter

SPIELANLEITUNG

1. Wir werden sehr langsam von der einen zur anderen Linie gehen und dabei spüren, wie unsere Füße den Boden berühren. Haltet euren Blick nach unten gerichtet, damit ihr euch leichter konzentrieren könnt.
2. Wir machen uns bereit und stellen uns auf diese Linie, mit geradem Rücken, entspannten Knien und entspannten Muskeln. Wenn ich die Glocke läute, beginnen wir sehr langsam zu gehen. *Läuten Sie die Glocke.*
3. Nehmt das Gefühl in beiden Füßen wahr, während ihr auftretet. Spürt ihr die Ferse, den Ballen und die Zehen der Füße?
4. Wenn wir an der anderen Linie ankommen, drehen wir uns langsam um und warten auf die Glocke. Das ist das Signal, dass wir wieder mit dem Gehen beginnen. Wir konzentrieren uns auf unsere Atmung, während wir warten.
   Läuten Sie die Glocke noch einmal, und fahren Sie fort, solange die Kinder bei der Sache sind.

TIPPS

1. Zwar sind eine Glocke und etwas Klebeband zum Markieren nützliche Hilfsmittel, es ist aber nicht weiter schlimm, wenn Sie beides nicht zur Hand haben. Die Kinder können zwischen beliebigen Anfangs- und Endpunkten gehen und Sie können das Startsignal durch Klatschen, Fingerschnipsen oder Worte geben.
2. Erinnern Sie die Kinder gelegentlich daran, die Empfindungen in ihren Füßen und Beinen wahrzunehmen. Das unterstützt sie, bei der Sache zu bleiben, und es kann unruhigen Kindern helfen, sich zu beruhigen.
3. Wenn sie ein wenig geübt sind, machen Sie die Kinder auf zwei Bestandteile des Gehens aufmerksam: das Absetzen *und* das Anheben des Fußes.
4. Machen Sie die Kinder später auf drei Bestandteile des Gehens aufmerksam: den Fuß absetzen, den Fuß anheben und das Bein nach vorne bewegen.
5. Man muss nicht unbedingt durch Linien auf dem Boden Wege markieren. Wenn die Kinder das Spiel verstanden haben, können sie auch längere Strecken gehen. Sie können zum Beispiel auf dem Flur, durch den Raum oder draußen in der Natur gehen.

Langsames Gehen in Stille fördert das Bewusstsein der Kinder darüber, wo und wie sie sich durch den physischen Raum bewegen – wo ihr Körper sich im Verhältnis zu anderen Menschen (Arme, Beine, Hände, Ellenbogen) und Gegenständen (Tische, Stühle, Vasen) befindet und welche Qualität ihre Bewegungen haben (träge, schnell, flüssig, ruckartig). Auch die folgenden beiden Spiele fördern diesen Aspekt des Selbstgewahrseins. In dem Spiel *Luftballon-Arme* verankern die Kinder ihre Aufmerksamkeit in ihren körperlichen Empfindungen, während sie ihre Arme nach oben, nach unten sowie hin- und herbewegen.

Luftballon-Arme

Wir üben, uns zu konzentrieren, indem wir alle gemeinsam unsere Arme langsam auf- und ab- oder vor- und zurückbewegen.

LEBENSKOMPETENZEN:	ZIELALTER:
Sich konzentrieren	Jüngere Kinder, ältere Kinder

SPIELANLEITUNG

1. Wenn ihr einen Luftballon aufblast und ihn mit Luft füllt, wird er größer; wenn ihr die Luft herauslasst, wird er kleiner.
2. Ich werde meine Hände nach oben bewegen, wie ein Luftballon, der sich mit Luft füllt, und dann nach unten, wie ein Luftballon, aus dem die Luft entweicht und der kleiner wird.
   Machen Sie es vor, indem Sie Ihre Handflächen auf den Kopf legen und die Fingerspitzen sich berühren lassen. Halten Sie Ihre Finger zusammen, und heben Sie die Arme, um einen sich füllenden Luftballon nachzuahmen; senken Sie dann Ihre Arme und ahmen Sie einen sich leerenden Luftballon nach.
3. Jetzt macht die Bewegungen mit mir. Achtet genau auf die Empfindungen in euren Armen, im oberen Rücken und im Nacken, während ihr euch bewegt.
4. Lasst es uns noch ein paar Mal versuchen.

TIPPS

1. Wenn die Kinder das Spiel verstanden haben, lassen Sie sie selbst die Bewegung anführen.
2. Verwenden Sie einen Luftballon, um das Spiel visuell zu verdeutlichen.

3. Ändern Sie die Richtung der Bewegung. Beginnen Sie mit den Händen auf der Brust und bewegen sie die Arme vor und zurück – weg von der Brust und zurück zum Herzen.
4. Sie können die Kinder die Bewegungen mit dem Atem synchronisieren lassen (einatmen, wenn der Luftballon sich füllt, und ausatmen, wenn der Ballon sich leert). Achten Sie darauf, dies nicht für mehr als drei oder vier Atemzüge zu machen, da es manchen Kindern möglicherweise schwindlig wird.

Beim nächsten Spiel, das die Konzentration fördert, bewegen die Kinder sich so langsam wie ein Faultier. Man kann bei der Anleitung des Spiels das lustige Buch *Ganz, ganz langsam, sagte das Faultier* von Eric Carle verwenden, es kann aber durchaus auch ohne das Buch gespielt werden. Bitten Sie die Kinder, sich auf die sich verändernden Empfindungen in ihrem Körper zu konzentrieren, während sie ganz langsam einen Arm oder ein Bein bewegen. Sorgen Sie im Vorhinein dafür, dass die Kinder genügend Raum haben, um sich zu bewegen, ohne an jemanden oder an etwas zu stoßen.

Ganz, ganz langsam

Wir achten ganz genau auf die Empfindungen in unserem Körper, während wir uns in Zeitlupe bewegen, und üben auf diese Weise, uns zu konzentrieren.

LEBENSKOMPETENZEN:	ZIELALTER:
Sich konzentrieren	Jedes Alter

SPIELANLEITUNG

1. Lasst uns mal sehen, wie es ist, wenn wir uns sehr langsam bewegen. Wir werden uns gemeinsam in Zeitlupe bewegen, und zwar so:
   Machen Sie es vor, indem Sie Ihren Arm bewegen und währenddessen die Empfindungen in Ihrer Schulter, Ihrem Rücken und Ihrem Nacken beschreiben.
2. Seid ihr bereit? Vergewissert euch, dass ihr genügend Raum um euch herum habt, damit ihr nicht an andere Menschen oder Gegenstände stoßt, während ihr euch bewegt.
3. Lasst uns zu Beginn langsam ein Bein bewegen. Nehmt währenddessen die Empfindungen in eurem ganzen Körper wahr, nicht nur diejenigen in eurem Bein.
4. Lasst das Bein langsam sinken. Lasst uns jetzt in Zeitlupe die Arme nach unten bringen und mit unseren Händen den Boden berühren. Bleibt hier für einen Augenblick, und nehmt wahr, ob die Empfindungen in eurem Körper sich verändern oder gleich bleiben.
5. Richtet euch langsam auf und bewegt in Zeitlupe den Kopf von Seite zu Seite. Nehmt die Empfindungen in eurem Nacken wahr, während ihr euch bewegt. Spürt ihr auch in anderen Teilen eures Körpers etwas? Versucht es jetzt mit geschlossenen Augen. Wie fühlt sich das an?

TIPPS

1. Die Spiele *Ganz, ganz langsam und Luftballon-Arme* eignen sich gut dazu, Konzentration zu üben, während die Kinder in einer Schlange stehen oder von einer Aktivität zur nächsten übergehen.

2. Diese beiden Spiele geben den Kindern die Gelegenheit, sich abwechselnd gegenseitig anzuleiten.
3. Und so können Sie den Kinderbuchklassiker *Ganz, ganz langsam, sagte das Faultier* von Eric Carle benutzen, um kleinen Kindern zu zeigen, wie man sich in Zeitlupe bewegt:
   - Kündigen Sie an, dass Sie eine Geschichte vorlesen werden, in der die Worte „langsam, langsam, langsam" mehrmals wiederholt werden, und die Kinder jedes Mal, wenn sie jene drei Worte hören, in Zeitlupe einen Arm heben sollen. Regen Sie sie an, ganz genau auf die Empfindungen in ihrem Arm, in den Schultern, im Rücken und im Nacken zu achten, während sie sich bewegen.
   - Machen Sie die Bewegung vor, und beschreiben Sie die Empfindungen, die Sie wahrnehmen, während Sie Ihren Arm in Zeitlupe bewegen. Lesen Sie dann die Geschichte vor.
   - Heben Sie jedes Mal, wenn Sie die Worte „langsam, langsam, langsam" vorlesen, langsam Ihren Arm. Die Kinder ahmen die Bewegung nach.
   - Machen Sie eine Pause, nachdem der Jaguar das Faultier fragt, „Warum bist du so faul?", und fragen Sie die Kinder: „Findet ihr, dass das Faultier faul ist, weil es sich so langsam bewegt?" Warten Sie die Antworten der Kinder ab, bevor sie die Seite umblättern und die Antwort des Faultiers vorlesen.
   - Bewegen Sie ein letztes Mal Ihren Arm in Zeitlupe, während Sie die Worte „langsam, langsam, langsam" vorlesen.

Kinder und Eltern lernen Meditation oft zunächst in Form von achtsamem Atmen kennen, wobei sie die mit der Atmung einhergehenden Empfindungen als Anker nutzen. Manchen fällt es leicht, sich auf ihre Atmung zu *konzentrieren*, anderen hingegen schwer. Und manchmal wird auch denjenigen, die ihren Atem gerne als Anker nutzen, langweilig, oder sie stellen fest, dass diese Methode für sie nicht mehr funktioniert. Mit Erfahrungen wie diesen sollte man rechnen, und aus diesem Grund ist es auch wichtig, mit mehr als einem Anker für die Aufmerksamkeit zu experimentieren. Bewegungen, Empfindungen, Klänge, Bilder und Worte sind leicht zugängliche Anker, die die *Konzentration* fördern. Eine andere beliebte Ankertechnik besteht darin, sanft auf einen Gegenstand zu blicken. Als ich anfing, mit meinem Sohn Achtsamkeit zu praktizieren, saßen wir auf unseren Kissen und betrachteten eine gelbe Gummiente. Als ihm die Ente langweilig wurde, ersetzte ich sie durch einen hellgrünen Plastikfrosch. Als er dann älter wurde, betrachteten wir einen glatten Stein.

8

EIN FRIEDLICHES HERZ

Bei den folgenden Phantasieübungen verankern die Kinder und Jugendlichen ihre Aufmerksamkeit in einem inneren Bild und in den körperlichen Empfindungen, die damit einhergehen. Phantasieübungen sind Ankerspiele, die die Konzentration fördern und die Taschenlampe der Aufmerksamkeit aktivieren, da die Kinder sich dabei auf eine einzige Sache konzentrieren und alles andere ausblenden. Die Phantasieübungen in diesem Kapitel basieren auf Praktiken zu liebender Güte, ein wesentliches Element traditioneller Meditationswege. Liebende Güte erweitert die Ankerspiele um eine wichtige Dimension, indem sie tiefe Wertschätzung für alle Lebewesen und die Kultivierung von Empathie und Mitgefühl anregt.

Phantasieumarmungen

Wir stellen uns unsere Familie, unsere Freunde und uns selbst an einem friedlichen Ort vor, an dem wir glücklich, gesund und fröhlich sind.

LEBENSKOMPETENZEN:
Sich konzentrieren, sich kümmern

ZIELALTER:
Jüngere Kinder, ältere Kinder

SPIELANLEITUNG

1. *Gesprächsthemen: Was bedeutet es, sich vorzustellen, dass man etwas tun würde oder an einem anderen Ort wäre? Wie fühlt es sich an, jemanden zu umarmen, der einem wichtig ist? Wenn jemand, den ihr umarmen möchtet, gerade nicht da ist, könnt ihr die Person dann trotzdem in eurer Vorstellung umarmen? Lasst es uns ausprobieren.*
2. Setzt euch mit geradem Rücken und entspanntem Körper hin und lasst eure Hände sanft auf den Knien ruhen. Schließt eure Augen und lasst uns gemeinsam einige Atemzüge nehmen. Ich halte meine Augen offen und behalte den Raum im Blick.
3. Stellt euch einen friedlichen Ort vor, an den ihr mit euren Freunden und eurer Familie gehen möchtet. Es kann ein Ort sein, den ihr kennt (euer Garten), ein Ort, den ihr zwar kennt, an dem ihr aber noch nicht wart (ein anderes Land), oder ein Ort in eurer Vorstellung (der Hundertmorgenwald aus *Pu der Bär)*.
   Wenn Sie die Übung für mehrere Kinder anleiten, bitten Sie sie, eine Hand auf den Kopf zu legen, wenn sie einen Ort gefunden haben. Warten Sie, bis alle einen friedlichen Ort haben, bevor Sie fortfahren.
4. Stellt euch vor, dass ihr an eurem friedlichen Ort etwas fühlen, sehen, berühren, hören, schmecken oder riechen könnt. Möglicherweise riecht ihr köstliche Schokoladenkekse, die im Ofen backen, oder ihr hört das Geräusch von Wasser, das aus einem Wasserfall gegen Felsen spritzt.
5. Jetzt lasst uns freundliche Wünsche senden für uns selbst. Umarmt euch selbst innig. Stellt euch vor, dass ihr an eurem friedlichen Ort eine gute Zeit habt, und sagt im Stillen zu euch selbst etwas wie: „Ich hoffe, dass ich einen tollen Tag haben

werde. Ich hoffe, dass ich viel Spaß beim Spielen mit meinen Freunden haben werde." Ihr könnt diese Wünsche nehmen oder andere Wünsche formulieren und sie still mit euren eigenen Worten sagen.

6. Als Nächstes werden wir in unserer Vorstellung jemanden, den wir lieben, umarmen. Bildet mit euren Armen vor eurer Brust einen Kreis, und denkt an jemanden, den ihr umarmen möchtet. Stellt euch vor, dass er oder sie mit euch an eurem friedlichen Ort ist. Stellt euch vor, dass er oder sie lächelt und dass ihr euch umarmt. Dann sagt im Stillen etwas wie: „Ich hoffe, dass du glücklich bist und einen tollen Tag hast. Ich hoffe, dass du das hast, was du brauchst."
7. Gibt es noch mehr Menschen, die ihr umarmen und an euren friedlichen Ort einladen möchtet? Öffnet eure Arme so weit, dass sie alle hineinpassen. Stellt euch vor, dass sie alle lächeln oder lachen und dass ihr sie alle auf einmal in die Arme schließt. Dann sendet ihnen im Stillen freundliche Wünsche, wie zum Beispiel: „Ich wünsche mir, dass ihr alle glücklich, gesund und stark seid. Ich hoffe, dass ihr heute Spaß habt und euch von eurer Familie und von euren Freunden geliebt fühlt."
8. Mit weit ausgebreiteten Armen stellt euch vor, dass die ganze Erde ein friedlicher Ort ist und dass ihr die Erde umarmt und dabei sagt: „Ich hoffe, dass heute alle glücklich sind. Ich wünsche mir, dass wir alle gesund und in Sicherheit sind und uns friedlich und zufrieden fühlen." Wieder könnt ihr im Stillen diese Wünsche aussprechen oder eure eigenen Wünsche finden und sie mit euren eigenen Worten formulieren.
9. Jetzt öffnet eure Augen. Streckt die Hände hoch in Richtung Himmel, während ihr tief einatmet, und während ihr ausatmet, lasst eure Hände auf die Knie sinken.

10. *Gesprächsthemen: Wie hat es sich angefühlt, euch selbst zu umarmen und einen freundlichen Wunsch zu senden? Wie hat es sich angefühlt, jemand anderen in der Vorstellung zu umarmen und freundliche Wünsche zu senden?*

TIPPS

1. Es ist schwierig für die Kinder, sich etwas vorzustellen, wenn sie die Augen geöffnet haben; aber einigen Kindern ist es unangenehm, die Augen zu schließen, insbesondere in einem Raum mit vielen Menschen. Deshalb ist es gut, sie wissen zu lassen, dass Sie Ihre Augen offen halten und auf den Raum achten.
2. Wenn die Kinder aufgewühlt sind, können sie sich durch eine solche Umarmung beruhigen. Fügen Sie dem Spiel ein weiteres sensorisches Element zur Selbstberuhigung hinzu, indem Sie die Kinder bitten, sich selbst auf die Schultern zu klopfen, wenn sie etwas gut gemacht haben. Das ist entweder vor dem Spiel möglich, nachdem sie gerade etwas zu Ende gebracht haben, zum Beispiel die Hausaufgaben oder die Küchenarbeit, oder auch danach, nachdem sie Freundlichkeit praktiziert und freundliche Wünsche gesendet haben.
3. Bei der Besprechung nach diesem Spiel können Sie die Kinder an andere Sinneserfahrungen erinnern, mit denen sie sich trösten und beruhigen können: singen oder Musik hören (hören), ein Schaumbad nehmen (spüren), langsam etwas Leckeres essen (schmecken), in die Natur gehen (sehen) oder eine Hand aufs Herz legen, um die Atmung zu spüren (spüren).

Phantasieumarmungen ist das Spiel, das ich mit jüngeren Kindern am häufigsten spiele, wenn es darum geht, freundliche Wünsche zu senden. Wenn ich für ältere Kinder und Jugendliche Spiele anleite, bei denen es um Freundlichkeit geht, beginne ich stattdessen mit der nachfolgend beschriebenen Phantasiereise. Was man aber unbedingt beachten sollte, wenn man eine solche Phantasiereise anleitet: Kinder und Jugendliche können diese Spiele leicht als subtile Aufforderung missverstehen, ihre Gefühle gegenüber einer bestimmten Person oder einer Gruppe von Menschen zu ändern – mit anderen Worten, jemanden zu *mögen*, den sie *nicht mögen*. Tatsächlich aber zielen Phantasiereisen zum Thema „Freundlichkeit" nicht darauf ab, dass die Kinder etwas an ihren Gefühlen ändern, sondern dass sie ihren Geist offen halten. Genau wie die Wertschätzungsspiele *Das Leben ist gut* und *Drei gute Dinge* ganzheitliches Denken fördern, das sowohl die alltäglichen Freuden als auch die Sorgen umfasst, laden Freundlichkeitsspiele die Kinder dazu ein, scheinbar widersprüchliche Gedanken gleichzeitig zuzulassen. Bevor Sie die Phantasiereisen anleiten, erinnern Sie die Kinder daran, dass es auch viele gute Gründe gibt, manche Menschen nicht zu mögen, und dass sie keine Zeit mit Menschen verbringen müssen, die sie nicht respektvoll oder angemessen behandeln. Es ist wichtig, ältere Kinder und Jugendliche daran zu erinnern, dass sie gegenüber einem Menschen mehrere Gefühle gleichzeitig haben können – sie können einer Person wünschen, dass es ihr gutgehen möge, selbst wenn sie sie nicht mögen oder respektieren.

Phantasiereisen zum Thema „Freundlichkeit" können starke Gefühle auslösen, die sich unabhängig vom Alter des oder der Meditierenden überwältigend anfühlen können. Man sollte nicht darauf bestehen, dass ein Kind freundliche Wünsche sendet, wenn es sich damit nicht wohlfühlt, aber es kann sinnvoll sein, ihm vorzuschlagen, es noch einmal mit einem anderen, ähnlichen Spiel zu versuchen, bevor man zu etwas anderem übergeht. *Freundlichkeit mit jedem Schritt* ist eine gute Wahl für Kinder, die mit den Phantasiereisen Schwierigkeiten haben oder denen es schwerfällt, stillzuhalten. *Wünsche für die Welt* ist eine gute Alternative für jüngere Kinder. Einem niedlichen Tier freundliche Wünsche zu senden ist eine weitere

Möglichkeit, Freundlichkeitsspiele etwas einfacher zu gestalten. Wenn ein Kind oder ein Jugendlicher sich mit keiner dieser Alternativen wohlfühlt, ist auch das in Ordnung. Machen Sie einfach mit einer anderen Aktivität weiter, zum Beispiel mit einem der Spiele zur Achtsamkeit in Beziehungen, die später in diesem Buch beschrieben werden.

Freundliche Wünsche

Wir stellen uns vor, dass alle glücklich, sicher und gesund sind und in Frieden leben, und üben auf diese Weise Freundlichkeit und Konzentration.

LEBENSKOMPETENZEN:
Sich konzentrieren, sich kümmern

ZIELALTER:
Jedes Alter

ANLEITUNG DER PHANTASIEREISE

1. Legt euch auf den Rücken. Legt die Beine flach auf den Boden und die Arme seitlich neben den Körper. Wenn ihr möchtet, könnt ihr die Augen schließen.
2. Spürt, wie euer Hinterkopf auf dem Boden oder dem Kissen liegt, spürt, wie eure Arme und Hände sich in den Boden hinein entspannen, spürt, wie auch euer Rücken, eure Beine und eure Füße sich entspannen.
3. Jetzt werden wir zusammen einige freundliche Wünsche senden.
   Führen Sie die Kinder durch die folgende Phantasiereise (oder eine ähnliche mit Ihren eigenen Worten).
4. Stellt euch vor, dass ihr glücklich seid. Stellt euch vor, dass ihr lächelt oder lacht und Spaß habt. Auch falls ihr im Augenblick

nicht glücklich seid, ist das in Ordnung. Stellt euch einfach vor, dass ihr lacht und mit euren Freunden spielt, oder etwas macht, was ihr wirklich gerne tut.

5. Dann sagt im Stillen etwas wie: „Ich möchte heute glücklich und hilfreich sein. Ich hoffe, dass ich gesund und stark sein werde. Ich hoffe, dass ich mich ruhig und zufrieden fühlen werde. Ich möchte viel Liebe spüren." Ihr könnt diese Wünsche oder eure eigenen Wünsche nehmen und sie im Stillen in eure eigenen Worte fassen.
6. Stellt euch jetzt vor, dass eure Wünsche ein warmes Gefühl erzeugen, das sich ausweitet, wenn ihr ihm Beachtung schenkt. Stellt euch vor, dass das warme Gefühl in der Nähe eures Herzens beginnt. Während ihr im Stillen die freundlichen Wünsche sprecht, breitet sich das Gefühl bis in eure Finger, eure Zehen und euren Kopf aus. Das warme Gefühl füllt euren ganzen Körper aus.
7. Stellt euch vor, dass dieses Gefühl eine Farbe hat – es kann irgendeine Farbe sein, die euch gefällt. Vielleicht ist es blau, rot oder gelb. Stellt euch vor, dass diese schöne Farbe euren ganzen Körper ausgefüllt hat, und während sie sich immer weiter vermehrt, fließt sie aus euren Fingern und Zehen in den Raum.
8. Stellt euch vor, dass auch die anderen Menschen im Raum dieses warme Gefühl spüren und diese schöne Farbe sehen können. Sie lächeln und sind glücklich. Sagt im Stillen zu ihnen: „Ich hoffe, dass ihr stark und gesund seid. Ich wünsche euch, dass ihr euch friedlich, sicher und zufrieden fühlt. Ich hoffe, dass ihr das habt, was ihr braucht, und viel Liebe spürt." Wiederholt diese Wünsche im Stillen oder nehmt andere Wünsche und fasst sie in eure eigenen Worte.

9. Stellt euch das gemütliche, warme Gefühl vor, das ihr erzeugt, und stellt euch vor, dass die schöne Farbe sich so sehr vermehrt hat, dass sie aus dem Raum hervorbricht. Das warme Gefühl breitet sich weiter und weiter aus, bis es alle Lebewesen und Dinge auf der Erde erreicht. Jeder, der eure freundlichen Wünsche spüren soll, kann sie auch spüren. Stellt euch vor, dass diese Menschen lächeln, weil sie spüren, dass ihr ihnen Gutes wünscht. Sagt im Stillen: „Ich hoffe, dass ihr glücklich seid und das habt, was ihr braucht. Ich hoffe, dass ihr euch stark und gesund fühlt. Ich hoffe, dass ihr euch geliebt, geschätzt und umsorgt fühlt. Ich hoffe, ihr seid zufrieden." Ihr könnt diese Wünsche nehmen oder andere Wünsche in eure eigenen Worten fassen.
10. Wenn ihr so weit seid, öffnet die Augen und spürt nochmals, wie euer Körper auf dem Boden liegt. Setzt euch zum Schluss langsam auf. Nehmt ein paar Atemzüge, und nehmt wahr, wie ihr euch jetzt fühlt.
11. *Gesprächsthemen: Nennt einige Wünsche, die ihr gerne an andere Menschen, die Erde und euch selbst senden möchtet. Wie fühlt ihr euch, wenn ihr freundliche Wünsche sendet?*

TIPPS

1. In dem vorangegangenen Abschnitt mit den Spielen zum *Zur-Ruhe-Kommen* haben die Kinder auf verschiedene Weisen erlebt, wie Geist und Körper sich gegenseitig beeinflussen. Sie können diese Themen bei den Phantasiereisen aufgreifen, indem Sie die Kinder fragen, ob sie einen Unterschied dabei bemerken, wie sie sich fühlen, vor und nachdem sie freundliche Wünsche senden.

Das folgende Spiel für jüngere Kinder regt zu Empathie und Mitgefühl an. Es beginnt als ein Spiel, das die *Konzentration* fördert, indem der Atem als Anker genutzt wird, und geht dann in eine Phantasiereise zum Thema „Freundlichkeit“ über, die ebenfalls die *Konzentration* fördert, indem ein inneres Bild als Anker verwendet wird. Halten Sie Stofftiere oder andere weiche, leichte Gegenstände bereit, zum Beispiel Kissen, Kirschkernkissen oder Polster, die sie dann auf die Bäuche der Kinder legen.

Ein Stofftier in den Schlaf wiegen – mit freundlichen Wünschen

Wir tun so, als ob wir auf unserem Bauch ein Stofftier in den Schlaf wiegen, um unseren Körper zu entspannen und unseren Geist zu beruhigen. Wenn wir einatmen, schaukelt das Tier nach oben; wenn wir ausatmen, schaukelt das Tier wieder nach unten.

LEBENSKOMPETENZEN:	ZIELALTER:
Sich konzentrieren, sich kümmern	Jüngere Kinder (mit einer Modifikation für ältere Kinder und Jugendliche)

SPIELANLEITUNG

1. Legt euch auf den Rücken, die Beine flach auf den Boden und die Arme seitlich an den Körper. Wenn ihr möchtet, könnt ihr die Augen schließen. Dann werde ich jedem von euch ein Stofftier auf den Bauch legen.
   Bei älteren Kindern oder Jugendlichen können Sie das Stofftier durch ein Kissen, ein Polster oder einen anderen weichen, nicht allzu schweren Gegenstand ersetzen.

2. Spürt, wie euer Hinterkopf den Boden berührt. Spürt die Schultern auf dem Boden, spürt den oberen Rücken, die Arme, die Hände, den unteren Rücken, die Beine und die Füße. Ihr könnt auch das Stofftier auf eurem Bauch streicheln und wahrnehmen, wie sich das anfühlt.
3. Nehmt jetzt wahr, wie es sich anfühlt, ein- und auszuatmen und dabei das Tier mit der Atmung auf und ab zu bewegen. Verändert sich etwas in eurem Körper und eurem Geist, während ihr liegt? *Warten Sie ein bis drei Minuten, bevor Sie mit der Anleitung fortfahren.*
4. Wenn es euch schwerfällt, euren Geist bei der Atmung zu halten, sagt im Stillen das Wort „hoch", jedes Mal, wenn sich das Tier nach oben bewegt, und „runter", wenn sich das Tier nach unten bewegt.
5. Spürt, wie euer Körper sich jetzt anfühlt. Spürt, wie euer Hinterkopf den Boden berührt; spürt die Schultern auf dem Boden, spürt den oberen Rücken, die Arme, die Hände, den unteren Rücken, die Beine und die Füße.
6. Zum Schluss wollen wir freundliche Wünsche senden. Lasst uns mit uns selbst beginnen. Sprecht im Stillen diese Wünsche oder formuliert eigene Wünsche mit euren eigenen Worten: „Ich möchte heute glücklich, hilfreich und stark sein. Ich hoffe, dass ich Spaß mit meinen Freunden und meiner Familie haben werde."
7. Als Nächstes stellt euch jemanden vor, dem ihr Gutes wünschen wollt, und wenn Ihr bereit seid, sagt still: „Ich hoffe, dass du glücklich, gesund und stark bist. Ich hoffe, du fühlst dich friedlich und hast heute Spaß mit deiner Familie und deinen Freunden." Wiederholt still diese Wünsche oder nehmt andere Wünsche und fasst sie in eure eigenen Worte.

8. Gibt es noch mehr Menschen, denen ihr freundliche Wünsche senden möchtet? Stellt sie euch vor und sagt still: „Ich wünsche euch, dass ihr glücklich, stark und gesund seid. Ich wünsche euch, dass ihr euch friedlich und sicher fühlt. Ich hoffe, ihr habt einen tollen Tag." Wiederholt still diese Wünsche oder nehmt andere Wünsche, die ihr euren Freunden und eurer Familie senden möchtet.
9. Lasst uns jetzt allen Lebewesen auf der Erde freundliche Wünsche senden. Sagt mit euren eigenen Worten etwas wie: „Ich hoffe, dass alle glücklich, gesund und in Sicherheit sind und in Frieden leben."
10. Jetzt öffnet eure Augen. Streckt eure Hände hoch zum Himmel, während ihr tief einatmet, und während ihr ausatmet, lasst eure Hände auf die Knie sinken.

Unabhängig vom Alter, fällt es vielen Meditierenden schwer, sich selbst freundliche Wünsche zu senden. Ebenso oft fällt es Meditierenden jeden Alters schwer, falls es ihnen überhaupt möglich ist, jemandem, der sie schlecht behandelt hat, gute Wünsche zu senden. Dr. Trudy Goodman, Gründerin und leitende Lehrerin von *InsightLA*, stellt eine innovative Weise vor, das nächste Spiel *Freundliche Wünsche für schwierige Menschen* für Kinder, die damit Schwierigkeiten haben, *umzudeuten*. Wenn die Kinder verstehen, dass das Senden von freundlichen Wünschen in erster Linie ihnen selbst guttut – und weniger der schwierigen Person –, können die freundlichen Wünsche eine einfache, aber befreiende Möglichkeit sein, schmerzliche Gefühle loszulassen, beispielsweise Hilflosigkeit, Ärger oder Frustration. Außerdem regt Goodman die Kinder dazu an, das Spiel *umzudeuten*, indem sie erkennen, dass die schwierige Person vermutlich weniger schwierig wäre, wenn er oder sie glücklicher wäre und mehr Selbstvertrauen hätte. *Freundliche*

Wünsche für schwierige Menschen zielt weder darauf ab, dass die Kinder etwas an ihren Gefühlen in Bezug auf andere Menschen ändern, noch dass sie danach jemanden mögen, den sie vorher nicht mochten. Ebenso wenig soll es ihnen vermitteln, sie seien bessere Menschen, wenn sie mit jemandem Zeit verbringen, mit dem sie es schwer haben. Die Besprechungen im Anschluss an die Freundlichkeitsspiele sind ausgezeichnete Gelegenheiten, um die Kinder daran zu erinnern, dass es klug ist, sich von schwierigen Menschen fernzuhalten, besonders von denen, die unfreundlich sind oder entgegen ihrem eigenen Wohl oder dem anderer handeln.

Es ist wichtig, bei der Anleitung von *Freundliche Wünsche für schwierige Menschen* einige Dinge im Hinterkopf zu behalten. Jüngere Kinder können noch nicht unterscheiden zwischen *jemandem Gutes wünschen* und *jemanden mögen*. Regen Sie Jugendliche und ältere Kinder an, eine Person zu wählen, die sie „aufregt" oder ihnen „auf die Nerven geht", nicht aber jemanden, gegenüber dem sie starke negative Gefühle haben. Erinnern Sie die Kinder daran, dass die Menschen, die sie aufregen, durchaus genau die Menschen sein können, die sie am meisten lieben. Dies kann für Kinder, denen ihre Geschwister manchmal auf die Nerven gehen, eine wichtige Entdeckung sein.

Freundliche Wünsche für schwierige Menschen

Wir denken an einen Menschen, den wir „schwierig" finden, und wünschen ihm Gutes.

LEBENSKOMPETENZEN:
Umdeuten, sich kümmern, sich verbinden

ZIELALTER:
Ältere Kinder, Jugendliche

SPIELANLEITUNG

1. Legt oder setzt euch bequem hin und schließt eure Augen.
2. Lasst das Bild eines Menschen in euch aufsteigen, mit dem ihr das Zusammensein schwierig findet, dem ihr aber Gutes wünschen möchtet.
3. Stellt euch vor, dass ihr glücklich seid. Stellt euch vor, dass ihr lächelt und lacht und Spaß habt. Macht euch keine Sorgen, wenn ihr euch im Augenblick nicht wirklich glücklich fühlt. Stellt euch einfach vor, dass ihr lacht und mit euren Freunden Zeit verbringt oder etwas macht, das ihr liebt.
4. Dann sagt mit euren eigenen Worten still etwas wie: „Ich möchte glücklich sein. Ich möchte mich gesund und stark fühlen. Ich hoffe, dass ich viel Liebe spüre und mich zufrieden und friedlich fühle."
5. Stellt euch jetzt vor, dass dieses Gefühl warm ist und sich ausweitet, wenn ihr ihm Beachtung schenkt. Stellt euch vor, dass das warme Gefühl in der Nähe eures Herzens beginnt. Während ihr im Stillen die freundlichen Wünsche für euch selbst sprecht, breitet sich das Gefühl bis in eure Finger, eure Zehen und euren Kopf aus. Stellt euch vor, dass dieses warme Gefühl eine Farbe hat und ihr sehen könnt, wie diese Farbe sich von eurem Herzen aus durch den ganzen Körper und in den Raum hinein ausbreitet.
6. Holt euch noch einmal das Bild des Menschen vor Augen, den ihr schwierig findet und dem ihr Gutes wünschen möchtet. Denkt daran, dass ihr eure Gefühle gegenüber diesem Menschen nicht ändern müsst. Sagt im Stillen mit euren eigenen Worten etwas wie: „Ich wünsche dir, dass du gesund und zufrieden bist. Ich hoffe, dass du in Sicherheit bist und dich friedlich fühlst." Verwendet Worte und gute Wünsche, die für euch stimmig sind, und wiederholt sie in Stille.

7. Nun öffnet die Augen wieder. Wenn ihr euch hingelegt habt, setzt euch auf. Nehmt einen Atemzug und nehmt wahr, wie ihr euch fühlt.
8. *Gesprächsthemen: Wie habt ihr euch gefühlt, bevor ihr freundliche Wünsche gesendet habt? Fiel es euch leicht oder schwer? Wie habt ihr euch gefühlt, nachdem ihr einem schwierigen Menschen freundliche Wünsche gesendet habt? Hat sich etwas daran, wie ihr diesen Menschen seht, verändert?*

Man braucht weder einen ruhigen Raum, noch muss man still sitzen, um freundliche Wünsche zu senden. Als Eltern können wir freundliche Wünsche senden, während wir einen Einkaufswagen voller Lebensmittel durch einen belebten Supermarkt schieben, in einem vollen Zug oder hinter dem Steuer sitzen. Die Kinder können Wünsche senden, während sie vor dem Mittagessen in der Schlange warten, im Schulbus oder bei einem Basketballspiel auf der Zuschauertribüne sitzen. Wir alle können freundliche Wünsche senden, während wir auf dem Bürgersteig gehen oder in einem lauten Kino darauf warten, dass der Film beginnt.

Bei dem Spiel *Langsames Gehen in Stille* verankern die Kinder ihre Aufmerksamkeit in den Empfindungen in ihren Füßen und Beinen, während sie absichtsvoll gehen. Beim nächsten Spiel, *Freundlichkeit mit jedem Schritt*, gehen die Kinder ebenfalls in Stille, langsam und absichtsvoll, aber nun senden sie jedes Mal, wenn sie einen Schritt machen, einen freundlichen Wunsch. Bei beiden Spielen gehen die Kinder zwischen einem Anfangs- und einem Endpunkt hin und her. Sie können Klebeband benutzen, um die Strecke zu markieren, und eine Glocke, um den Kindern den Beginn des Spiels zu signalisieren. Diese Hilfsmittel sind aber nicht unbedingt erforderlich. Die Kinder können zwischen beliebigen Anfangs- und Endpunkten gehen und das Startsignal können Sie ihnen auch mit Worten geben.

Freundlichkeit mit jedem Schritt

Wir gehen langsam und absichtsvoll. Bei jedem Schritt senden wir still einen freundlichen Wunsch.

LEBENSKOMPETENZEN:	ZIELALTER:
Sich konzentrieren, sich kümmern	Jedes Alter

SPIELANLEITUNG

1. Geht langsam von einer Linie zur anderen. Jedes Mal, wenn ihr einen Schritt macht, sendet einen freundlichen Wunsch. Haltet euren Blick nach unten gerichtet, damit ihr euch leichter konzentrieren könnt.
2. Wenn ich die Glocke läute, fangt an, langsam auf die zweite Linie zuzugehen. *Läuten Sie die Glocke.*
3. Sendet jedes Mal, wenn ihr einen Schritt macht, still einen freundlichen Wunsch für euch selbst. „Ich möchte glücklich und stark sein. Ich hoffe, dass ich mich friedlich und zufrieden fühle. Mögen meine alten Verletzungen heilen." Ihr könnt diese Wünsche nehmen oder Wünsche, die für euch stimmig sind, und sie still wiederholen.
4. Wenn ihr an der anderen Linie ankommt, dreht euch langsam um und wartet, bis ihr die Glocke hört – das ist euer Signal, wieder mit dem Gehen zu beginnen. Während ihr wartet, sendet weiter freundliche Wünsche an euch selbst.
   Warten Sie, bis alle an der anderen Linie angekommen sind, und läuten Sie dann die Glocke.
5. Lasst uns zu der ersten Linie zurückgehen. Nun sendet jedes Mal, wenn ihr einen Schritt macht, still einen freundlichen Wunsch für jemanden, den ihr liebt. Mit euren eigenen Worten

sagt etwas wie: „Ich hoffe, dass du glücklich bist. Ich wünsche dir, dass du in Sicherheit, stark und gesund bist." Wenn ihr an der anderen Linie ankommt, dreht euch langsam um und wartet, bis ihr die Glocke hört – das ist euer Signal, dass ihr wieder mit dem Gehen beginnen könnt. Während ihr wartet, sendet weiter freundliche Wünsche.
Läuten Sie die Glocke.

6. Lasst uns das noch einmal machen. Nun sendet jedes Mal, wenn ihr einen Schritt macht, still einen freundlichen Wunsch für jemanden, den ihr nicht gut oder gar nicht kennt. Mit euren eigenen Worten sagt etwas wie: „Ich hoffe, dass du zufrieden bist. Ich wünsche dir, dass du hast, was du brauchst." Wenn ihr an der anderen Linie ankommt, dreht euch langsam um und wartet, bis ihr die Glocke hört, die euch signalisiert, dass ihr wieder mit dem Gehen beginnen könnt. Während ihr wartet, sendet weiter freundliche Wünsche.
Wenn Sie dieses Spiel mit jüngeren Kindern spielen, lassen Sie den Schritt 7 aus und gehen Sie direkt zu Schritt 8 weiter.
7. Nun sendet, während ihr von der einen Linie zur anderen geht, bei jedem Schritt still einen freundlichen Wunsch für einen schwierigen Menschen, wenn ihr euch damit wohlfühlt. Nehmt dazu jemanden, der euch aufregt oder euch auf die Nerven geht, aber nicht jemanden, dem gegenüber ihr sehr starke negative Gefühle hegt. Sagt mit euren eigenen Worten etwas wie: „Ich hoffe, dass du glücklich bist. Ich hoffe, dass du dich friedlich und zufrieden fühlst." Wählt Worte und Wünsche, die für euch stimmig sind, und wiederholt sie still. Wenn ihr keine freundlichen Wünsche für einen schwierigen Menschen senden wollt, ist das auch in Ordnung. Dann nehmt einfach jemand anderen oder sendet freundliche Wünsche an euer Haustier oder an euch selbst.

Wenn ihr an der anderen Linie ankommt, dreht euch langsam um und wartet, bis ihr die Glocke hört, die euch signalisiert, dass ihr wieder mit dem Gehen beginnen könnt. Während ihr wartet, sendet weiter freundliche Wünsche.

8. Nun sendet jedes Mal, wenn ihr einen Schritt macht, still einen freundlichen Wunsch für die Erde und für alle Lebewesen darauf. Sagt mit euren eigenen Worten etwas wie: „Ich wünsche mir, dass alle glücklich, gesund und in Sicherheit sind. Ich wünsche mir, dass wir alle stark sind und friedlich zusammenleben. Ich hoffe, dass alle das haben, was sie brauchen."
Wenn die Kinder das Spiel schon mehrmals gespielt haben, müssen Sie keine Linien mehr auf dem Boden markieren und können die Kinder längere Strecken gehen lassen.

TIPPS

1. Variieren Sie dieses Spiel, um Wertschätzung zu thematisieren (anstatt Freundlichkeit), und nennen Sie es *Dankbarkeit mit jedem Schritt*. Folgen Sie einfach den Anleitungen für *Freundlichkeit mit jedem Schritt*, lassen Sie die Kinder aber jedes Mal, wenn Sie einen Schritt machen, still „danke" zu jemandem (oder für etwas) sagen.

Die Forschung zeigt mit einer wachsenden Zahl von Studien, dass die traditionelle Praxis der liebenden Güte auf Erwachsene positive langfristige Auswirkungen hat, selbst in kleinen Dosen. In der Onlineausgabe von *Psychology Today* veröffentlichte Dr. Emma M. Seppälä vom *Center for Compassion and Altruism Research and Education* an der Stanford University, Autorin des Buches *Der Trick mit dem Glück*, einen praktischen und leicht verständlichen Überblick über die aktuellen Forschungsarbeiten zu dem

Effekt von Visualisierungen zum Thema „Freundlichkeit“* auf Erwachsene. Die Studien konnten zeigen, dass diese (1) die *emotionale Intelligenz* steigern, indem sie Empathie und emotionale Verarbeitung im Gehirn aktivieren; (2) die *Stressreaktion* verbessern, indem sie einen chromosomalen Marker des Alterungsprozesses, die Telomerlänge, reduzieren; (3) *soziale Verbundenheit* fördern, indem sie Hilfsbereitschaft, Mitgefühl und Empathie steigern, unsere Vorurteile gegenüber anderen verringern und unser Gefühl für soziale Verbundenheit steigern; (4) Selbstliebe stärken, indem sie Selbstkritik schwächen; und (5) Wohlbefinden fördern, indem sie positive Gefühle verstärken, negative Gefühle verringern und den vagalen Tonus erhöhen. (Erinnern Sie sich an den Vagusnerv, der in dem Abschnitt *Zur Ruhe kommen* beschrieben wird? Es handelt sich dabei um einen komplexen Schädelnerv, der manchmal als wichtigster Nerv im Körper bezeichnet wird, weil er bei prosozialem Verhalten und psychischem Wohlbefinden eine wesentliche Rolle spielt.) Bei den Phantasiereisen wünschen die Kinder und Jugendlichen als Erstes sich selbst Gutes, bevor sie anderen Menschen und Gruppen gute Wünsche senden. Das entspricht dem Ablauf, den sie bereits kennen gelernt haben: Das *ABC (Attention, Balance, Compassion)* beginnt mit Selbstgewahrsein und der Entwicklung von *Aufmerksamkeit* und *Ausgeglichenheit,* erst dann geht es mit Bewusstheit in Bezug auf andere und der Entwicklung von *Mitgefühl* weiter. Die Kinder wenden sich dem zu, was in ihrem eigenen Inneren vor sich geht, bevor sie nach draußen schauen und das größere Bild dessen betrachten, was um sie herum geschieht. *Freundliche Wünsche* fasst diesen Prozess in einer Aktivität zusammen. Wenden sie sich ihrem Inneren zu, werden die Kinder daran erinnert, zu sich selbst freundlich zu sein, wenden sie sich dem Außen zu, werden sie daran erinnert, zu anderen Menschen und der Erde freundlich zu sein.

---

* In diesem Buch werden Visualisierungen kindgerechter als Phantasiereisen bezeichnet. Anm. d. Übers.

9

RAUS AUS DEM KOPF, REIN IN DEN KÖRPER

In diesem Kapitel geht es darum, dass die Kinder und Jugendlichen in ihren Körper und Geist hineinlauschen, unter anderem mittels einer Meditationstechnik namens Body-Scan. Ein *Body-Scan* für Erwachsene kann zwischen einer halben Stunde und fünfundvierzig Minuten dauern. Wenn man jedoch nicht so viel Zeit hat oder mit Kindern übt, kann man ihn auch schneller machen. In seinem Buch *Zur Besinnung kommen* beschreibt Jon Kabat-Zinn die Methode: „Es geht dabei darum, den Körper systematisch mit dem Geist zu durchwandern und dabei zugewandte, offenherzige, interessierte Aufmerksamkeit in die verschiedenen Bereiche zu bringen. Man kann einen Body-Scan während eines Atemzugs machen oder eine, zwei, fünf, zehn oder zwanzig Minuten darauf verwenden. Das Ausmaß an Präzision und Detailliertheit verändert sich natürlich entsprechend der Geschwindigkeit, mit der man sich durch den Körper bewegt." Es ist einleuchtend, dass Aufmerksamkeit auf die körperlichen Empfindungen den Kindern und Jugendlichen hilft, ihren Körper besser kennen zu lernen. Allerdings sind die Kinder und auch die Eltern oft überrascht, wie viel sie über ihre Gefühle erfahren, wenn sie den Vorgängen in ihrem Körper Aufmerksamkeit widmen.

Wie die Phantasiereisen zum Thema „Freundlichkeit“ können auch Body-Scans und andere sinnesbasierte Spiele starke Gefühle hochholen, die sich beängstigend und überwältigend anfühlen können. Ihrem Körper oder bestimmten Teilen davon Aufmerksamkeit zu widmen, kann für Kinder besonders schwierig sein, die unter Traumata, einer Krankheit, Missbrauch, Vernachlässigung oder einem negativen Körperbild leiden. Die Meditationslehrerin und Psychotherapeutin Trudy Goodman empfiehlt, Kinder, die eine traumatische Vergangenheit haben oder denen der Body-Scan aus anderen Gründen schwerfällt, diesen nur für kurze Zeitspannen üben zu lassen. Längere Body-Scans machen sie wahrscheinlich unruhig, doch einige Minuten der Konzentration auf die Empfindungen im Körper können hilfreich und beruhigend sein. Und Dr. Christopher Willard empfiehlt in seinem Buch *Aufwachsen in Achtsamkeit*, dass Kinder, die mit dem Body-Scan Schwierigkeiten haben, stattdessen erdende Aktivitäten ausprobieren, bei denen sie sich durch die fünf Sinne auf äußere Anker konzentrieren.

Trudy Goodman schlägt zwei vergnügliche Möglichkeiten vor, wie die Kinder äußere Anker dazu verwenden können, verschiedene Teile ihres Körpers wahrzunehmen. Die erste Möglichkeit besteht darin, ihrem Körper freundliche Wünsche zu senden, indem sie in Stille etwas sagen wie: „Möge mein Fuß es in diesem Hausschuh warm und gemütlich haben, mögen meine Beine stark sein, wenn ich Fahrrad fahre, möge ich dieses Wochenende am Strand mit meinen Zehen im Sand wackeln, möge mein Bauch voll sein.“ Die zweite Möglichkeit ist, dem Körper zu danken, indem sie zum Beispiel still wiederholen: „Danke, liebe Füße, fürs Stehen, Gehen, Rennen, Springen und Tanzen. Möget ihr glücklich, sicher und stark sein.“ Weitere Beispiele von erdenden Spielen, bei denen die Kinder sich auf äußere Anker konzentrieren, sind *Miras Spiel* am Ende dieses Kapitels sowie *Rütteln und schütteln, Bissen für Bissen, Ein verklingender Ton, Langsames Gehen in Stille, Luftballon-Arme, Ganz, ganz langsam* und *Ein Stofftier mit der Atmung in den Schlaf wiegen* aus den vorangegangenen Kapiteln.

Die Spiele *Der Geschmack von Zitronen* und *Klar sehen* im zweiten Kapitel helfen den Kindern, zu verstehen, dass ihre Gedanken eine Wirkung darauf haben, wie sie sich fühlen. Einige der Beziehungsspiele, die später im Buch beschrieben werden, helfen den Kindern ebenfalls, sich bewusst zu werden, wie ihr Körper und ihre Gefühle miteinander verbunden sind. Eine weitere Möglichkeit für Kinder und Jugendliche, die Verbindung zwischen den Vorgängen in Geist und Körper ganz lebendig und unmittelbar im Moment wahrzunehmen, bietet das Spiel *Geist, Körper, los!*. Dabei nennen die Kinder schnell eine momentane Empfindung und ein momentanes Gefühl, während sie einen Ball hin und her rollen. Es kann mit oder ohne Ball gespielt werden, in Paaren, die sich gegenübersitzen, oder in einer Gruppe, die im Kreis sitzt.

Geist, Körper, los!

Wir sagen ganz schnell, was wir in diesem Moment körperlich empfinden oder fühlen, und rollen dabei einen Ball hin und her.

LEBENSKOMPETENZEN:
Sich konzentrieren, wahrnehmen

ZIELALTER:
Jedes Alter

SPIELANLEITUNG

1. Wir werden uns diesen Ball gegenseitig zurollen. Wenn ihr an der Reihe seid, sagt ganz schnell, wie ihr euch fühlt und was ihr in eurem Körper spürt. Hier ist ein Beispiel: „Mein Körper ist entspannt und ich fühle mich froh."
2. Ich fange an: „Mein Körper ist verspannt und ich fühle mich ein wenig nervös."
   Rollen Sie den Ball zu Ihrem Spielpartner beziehungsweise zu einem Kind im Kreis.

3. Jetzt sagt ihr etwas und rollt dabei den Ball zurück. (Zum Beispiel: „Mein Fuß juckt und ich fühle mich albern.")
Lassen Sie die Kinder das Spiel immer weiter beschleunigen.

TIPPS

1. Spielen Sie *Geist, Körper, los!* auch ohne Ball, während Sie am Küchentisch oder im Auto sitzen oder im Stau stehen.

Im MBSR beginnt der Body-Scan an den Zehen und führt dann nach oben zum Kopf, wie bei den Übungen zur progressiven Muskelentspannung, die in Bewegungs- oder Theaterkursen zum Einsatz kommen. Meine Meditationslehrer hingegen lehrten ihre Schüler, in der entgegengesetzten Richtung durch den Körper zu scannen, beginnend am Kopf und bis hinunter in die Zehen.

Es gibt keinen Konsens darüber, welche Richtung besser ist und ob das tatsächlich einen entscheidenden Unterschied macht. Ich arbeite mit einer Sequenz, die vom Kopf zu den Zehen führt, weil das meinen Geist vom Denken weg und auf die Empfindungen lenkt. Dies hilft mir und vielen der Kinder und Eltern, mit denen ich Achtsamkeit praktiziert habe, aus dem Kopf mehr in den Körper zu kommen. Im nächsten Spiel, *Ein ganz besonderer Stern*, durchwandern die Kinder ihren ganzen Körper mit ihrer Aufmerksamkeit, vom Kopf bis zu den Zehen.

Ein ganz besonderer Stern

Wir stellen uns einen besonderen Stern am Nachthimmel vor, der uns hilft, unseren Körper zu entspannen und unseren Geist ruhig werden zu lassen.

LEBENSKOMPETENZEN:
Sich konzentrieren

ZIELALTER:
Jedes Alter

SPIELANLEITUNG

1. Setzt oder legt euch bequem mit geschlossenen Augen hin. Atmet ganz natürlich, und nehmt wahr, wie es sich anfühlt, einzuatmen und auszuatmen.
2. Stellt euch vor, dass es am Himmel einen Stern gibt, der nur für euch da ist. Er kann ganz genauso aussehen, wie ihr es möchtet – er kann alle möglichen Farben haben, aus allen möglichen Materialien bestehen und vielleicht verändert er sich auch von Moment zu Moment und von Tag zu Tag, so wie sich alle Dinge verändern. Manchmal ist er groß und manchmal klein, manchmal hell und manchmal dunkel – aber euer Stern ist immer da.
3. Lasst uns die Wärme des Sterns in verschiedenen Bereichen unseres Körpers spüren.
   - Während das Sternenlicht auf eure Stirn scheint, spürt, wie sich eure Stirn entspannt, und stellt euch vor, wie langsam aller Stress und alle Anstrengungen des Tages verschwinden.
   - Stellt euch dann vor, dass euch das Sternenlicht auf Schultern... Arme... Hände... Brust... Bauch und unteren Rücken... Beine... Knöchel... und Füße scheint.
   - Und schließlich stellt euch vor, wie sich euer ganzer Körper in der Wärme des Sternenlichts entspannt.

- Lasst uns noch ein bisschen liegen bleiben und entspannt mit unserem ganzen Körper im Sternenlicht baden.

4. Wenn ihr so weit seid, setzt euch langsam auf und streckt eure Hände hoch zum Himmel. Atmet tief ein. Dann lasst eure Arme sinken, während ihr ausatmet.
5. *Gesprächsthemen: Was ist während des Body-Scans in eurem Geist und in eurem Körper vorgegangen? Habt ihr euch schon einmal so gefühlt, und wenn ja, wann war das?*

Einer der größten Nutzen der achtsamen Aufmerksamkeit ist die daraus resultierende Flexibilität. Achtsamkeit fördert die Fähigkeit der Kinder, die Aufmerksamkeit zwischen verschiedenen Arten von Erfahrungen zu verschieben – von Gedanken zu Gefühlen und zu Empfindungen beispielsweise. In der achtsamkeitsbasierten kognitiven Therapie (MBCT), einem auf MBSR basierenden therapeutischen Programm, das von Dr. Zindel Segal, Dr. Mark Williams und Dr. Jon Teasdale entwickelt wurde, wird durch den Body-Scan erfahrbar, dass man Aufmerksamkeit von Ort zu Ort verlagern kann. Das folgende Spiel gibt Kindern und Jugendlichen die Gelegenheit, dies ebenfalls zu erfahren. Es kann im Sitzen, Stehen oder Liegen gespielt werden.

Der Schmetterling landet

Mit der Hilfe eines Phantasieschmetterlings wandern wir mit unserer Aufmerksamkeit von einem Teil unseres Körpers zum nächsten.

LEBENSKOMPETENZEN:
Sich konzentrieren

ZIELALTER:
Jedes Alter

SPIELANLEITUNG

1. Setzt oder legt euch bequem mit geschlossenen Augen hin. Atmet ganz natürlich, und nehmt wahr, wie es sich anfühlt, einzuatmen und auszuatmen.
2. Jetzt stellt euch einen schönen Schmetterling vor, so leicht wie eine Feder. Er kann alle möglichen Farben haben, die euch gefallen. Nehmt euch Zeit und konzentriert euch auf euren Schmetterling.
3. Wir werden uns gleich vorstellen, dass der Schmetterling sich auf verschiedenen Teilen unseres Körpers ausruht. Wenn er auf einem Körperteil landet, fühlt sich dieser Bereich entspannt und angenehm an.
4. Lasst uns mit der Stirn beginnen. Stellt euch vor, dass eure Stirn sich entspannt, während der Schmetterling sich darauf ausruht.
5. Stellt euch vor, dass der Schmetterling von eurer Stirn zu einer Schulter schwebt und sich dort ausruht. Diese Schulter entspannt sich.
   Fahren Sie fort und lassen Sie den Schmetterling sich auf verschiedenen Teilen des Körpers ausruhen.
6. Entspannt euren ganzen Körper und ruht euch aus. Spürt den stetigen Rhythmus eurer Atmung.
7. Wenn ihr so weit seid, atmet tief ein und streckt eure Hände hoch zum Himmel. Dann lasst die Arme sinken, während ihr ausatmet.

In einem ihrer Kurse hat Annaka Harris die Kinder dazu eingeladen, sich eigene Achtsamkeitsspiele auszudenken. Dabei erfand ein fünfjähriges Mädchen namens Mira ein Spiel, das ausgesprochen erkenntnisreich sein kann. Wie bei *Der Schmetterling landet* können die Kinder bei *Miras Spiel* üben, ihre Aufmerksamkeit bewusst von einer Art von Empfindung zu einer anderen zu verschieben.

Miras Spiel

Wir wandern mit unserer Aufmerksamkeit – vom Sehen zum Fühlen, zum Bewegen und wieder zum Sehen zurück. Auf diese Weise kann uns klar werden, wie vielen verschiedenen Dingen wir uns in einem jedem Moment bewusst sein können.

LEBENSKOMPETENZEN:	ZIELALTER:
Sich konzentrieren	Jedes Alter

SPIELANLEITUNG

1. Setzt euch mit geradem Rücken und entspannten Muskeln hin und lasst eure Hände sanft auf den Knien ruhen. Vor euch auf dem Boden liegt ein Stein, den ihr betrachten könnt.
2. Wenn ich die Glocke läute, nehmt den Stein in die Hand, schließt eure Augen und *spürt* einige Atemzüge lang den Stein in euren Händen.
   Läuten Sie die Glocke.
3. Das nächste Mal, wenn ich die Glocke läute, öffnet eure Augen und *seht* euch den Stein in eurer Hand einige Atemzüge lang an.
   Läuten Sie die Glocke.

4. Wenn ich die Glocke wieder läute, *legt* den Stein auf den Boden zurück und *seht* ihn nochmals einige Atemzüge lang an.
   Läuten Sie nochmals die Glocke.
5. Lasst uns diese Abfolge noch einmal ausprobieren, dieses Mal aber ohne dabei zu sprechen. Ich werde bei jedem Schritt lediglich die Glocke läuten:
   - Erste Glocke: Nehmt den Stein in die Hand, schließt eure Augen und *spürt* den Stein in eurer Hand – und atmet dabei.
   - Zweite Glocke: Öffnet eure Augen und *seht* den Stein in eurer Hand an – und atmet dabei.
   - Dritte Glocke: *Legt* den Stein vor euch auf den Boden zurück, und *seht* ihn an, wie er auf dem Boden liegt – und atmet dabei.

TIPPS

1. Spielen Sie dieses Spiel in Paaren oder im Kreis, wenn Sie mit mehreren Kindern spielen. Bitten Sie die Kinder am Ende jeder Runde, ihren Stein vor das links von ihnen sitzende Kind zu legen. So hat in der nächsten Runde jeder einen anderen Stein zum Anschauen und Spüren.
2. Um *Miras Spiel* persönlicher zu gestalten, bitten Sie jedes Kind, einen besonderen Stein, eine Muschel, ein Blatt oder einen anderen Gegenstand mitzubringen.

Durch die Spiele im Abschnitt *Zur Ruhe kommen* lernen die Kinder, dass Stress nicht per se schlecht oder gut ist, dass verschiedene Menschen unterschiedlich auf Stress reagieren und dass Stress sinnvoll sein kann, wenn man richtig mit ihm umgeht. Schließlich kann ein wenig Aufregung dazu beitragen, dass Jugendliche in einer Prüfung oder im Sport glänzen. Der Schlüssel beim Umgang mit Stress liegt darin, zu bemerken, wenn die Stressreaktion so stark geworden ist, dass sie überhandnimmt. Bei sinnesbasierten Aktivitäten wie dem Body-Scan lernen die Kinder, Signale des Körpers zu erkennen, die ihnen sagen, dass sie gerade das Gleichgewicht verlieren. Je früher die Kinder diese Signale erkennen, desto wahrscheinlicher sind sie in der Lage, eine überhöhte Stressreaktion zu mildern, indem sie aufhören, über das stressreiche Erlebnis zu grübeln, sich entspannen und ihre Aufmerksamkeit auf einen einfachen, neutralen Anker verlagern, bis Geist und Körper zur Ruhe kommen.

Teil vier

Sich kümmern

Eine Akrobatin und ihr Schülerin sollen auf einem Bambuspfosten mitten auf einem Dorfplatz ihre Künste vorführen. Sie machen sich bereit und die Akrobatin weist ihre Schülerin an: „Ich klettere zuerst auf den Pfosten. Du folgst mir nach und stellst dich auf meine Schultern. Sobald wir dort oben sind, sorgst du für mein Gleichgewicht und ich sorge für das deine." Das klingt nach einer vernünftigen Idee, oder? Nicht in den Ohren der Schülerin. Sie erwidert: „Das kann nicht funktionieren. Du musst selbst für dein Gleichgewicht sorgen und ich für das meine." Zwar mag ihre Antwort ein wenig frech anmuten, doch sie spricht damit ein ebenso subtiles wie wichtiges Prinzip an – die Schülerin kann sich nur dann um die Akrobatin kümmern, wenn sie sich zuerst um sich selbst kümmert. Jedes Mal, wenn wir in einem Flugzeug sitzen, erinnern uns die Flugbegleiter daran. Genau wie die Passagiere eines Flugzeugs sich im Notfall zuerst ihre eigene Sauerstoffmaske aufsetzen müssen, bevor sie sich um andere kümmern können, kümmert sich die Schülerin um die Akrobatin, indem sie zuerst für ihr eigenes Gleichgewicht sorgt. So wie Achtsamkeit, Meditation und Kreativität ist auch Gleichgewicht in manchen Aspekten mysteriös und insofern schwierig zu beschreiben, falls das überhaupt möglich ist. Um zu wissen, dass wir im Gleichgewicht sind, müssen wir uns ausgeglichen fühlen. Wie die Schülerin der Akrobatin sagte, kann niemand anderes unser Gleichgewicht für uns finden – das müssen wir selbst tun.

Eltern stellen die Bedürfnisse ihrer Familie häufig über ihre eigenen, selbst wenn das Beiseiteschieben der eigenen Bedürfnisse einen hohen Preis hat. Thich Nhat Hanh drückt es so aus: „Wenn wir uns nicht um uns selbst kümmern und uns selbst lieben können, können wir uns auch nicht um die Menschen kümmern, die wir lieben." Wir vergessen leicht, dass wir niemandem nützen, wenn wir müde und erschöpft sind. Stress, starke Gefühle, Erschöpfung und weitere Faktoren verengen unser Toleranzfenster und führen dazu, dass wir uns unausgeglichen fühlen. Wenn Erfahrungen, die normalerweise tolerabel sind, sich immer unerträglicher anfühlen, signalisiert uns das Nervensystem, dass wir uns neu ausrichten und uns besser um uns kümmern sollten. Das erfordert gesunde persönliche Grenzen.

Wenn die Themen „Achtsamkeit und Meditation" falsch verstanden und gelehrt werden, haben sie das Potenzial, die Entwicklung gesunder Grenzen zu untergraben, die Kinder und auch Eltern brauchen, um Familienleben, Schule, Freundschaften, Terminkalender und Arbeit erfolgreich im Gleichgewicht zu halten. Jemandem einfach nur zu sagen, er oder sie solle nett, freundlich, dankbar, großzügig oder ausgeglichen sein oder gut für sich selbst sorgen, ist nicht sehr hilfreich, und diese Aufforderung kann besonders frustrierend für Kinder sein, die nicht wissen, wie sie sich in einer schwierigen Situation verhalten sollen. Das Leben ist zu kompliziert für Verallgemeinerungen wie diese. Kinder und Eltern brauchen konkrete Werkzeuge, die ihnen helfen, zu erkennen, wann das Verhalten anderer Menschen ihre Grenzen überschreitet, und für sich selbst Sorge zu tragen.

Werden die Themen und die Lebenskompetenzen in der Achtsamkeits- und Meditationspraxis hingegen richtig verstanden und gelehrt, unterstützen sie gesunde Grenzen, weil sie das Urteilsvermögen stärken. Urteilsvermögen ist eines der zentralen Themen einer klugen und mitfühlenden Haltung gegenüber dem Leben. Durch das Üben von Urteilsvermögen lernen Kinder und Eltern, anderen universellen Themen wie „Freundlichkeit", „Wertschätzung" und „Akzeptanz" mehr Wert beizumessen als möglichen Resultaten – in ihren Worten, in ihren Handlungen und in ihren Beziehungen.

10

IST ES HILFREICH?

Kinder haben alle möglichen Gewohnheiten. Einige sind körperlich (mit den Knöcheln knacken, die Haare zwirbeln), andere verbal (die Verwendung bestimmter Worte oder Ausdrücke) und wieder andere sind psychisch (sich Sorgen machen, tagträumen, urteilen, übermäßig analysieren). Gewohnheiten laufen automatisch ab. Aufgrund der Art, wie das Gehirn vernetzt ist, verstärkt die Wiederholung einer Gewohnheit die damit verbundenen neuronalen Schaltkreise, was es wiederum schwerer macht, die Gewohnheit abzulegen. Im Abschnitt über *Konzentration* haben die Kinder gelernt, dass Neuronen, die gemeinsam feuern, sich miteinander verbinden – mit anderen Worten, je mehr sie ein bestimmtes neuronales Netzwerk benutzen, desto mehr wandelt es sich und desto größer ist der Effekt. Stellen Sie sich vor, Sie gehen durch einen Park und kommen an ein weites Feld mit hohem Gras, durch dessen Mitte ein ausgetretener Pfad führt. Welches ist die schnellste und einfachste Möglichkeit, auf die andere Seite zu gelangen? Natürlich den vorhandenen Weg zu nehmen, und genau das ist es, was die Kinder wahrscheinlich auch tun.

Das Gehirn wird durch neuronale Bahnen geformt wie ein Feld durch ausgetretene Pfade. In beiden Fällen festigen die Wege sich durch wiederholten Gebrauch. Neuronale Bahnen basieren zum Teil auf Genetik, aber sie werden auch dadurch geprägt, was die Kinder sagen, tun und denken, sowie durch die Lebenserfahrungen der Kinder. Je mehr die Kinder und Jugendlichen sich auf jenen alten neuronalen Bahnen bewegen – durch ihre Gedanken, Worte und Handlungen –, desto wahrscheinlicher wird die Aktivität in ihren Gehirnen automatisch jene Bahnen nehmen. So werden aus bestimmten Weisen, zu denken, zu sprechen und zu handeln, Gewohnheiten. Je stärker die Gewohnheit, desto stärker die damit verbundenen neuronalen Bahnen und desto größer die Anstrengung und die Entschlossenheit, die erforderlich sind, um damit zu brechen. Ein Beispiel: Wenn Kinder am Morgen als Allererstes die sozialen Medien checken, und zwar jeden Morgen, wird das Checken der sozialen Medien bald zu ihrer automatischen Standardreaktion auf das Aufwachen. Selbst wenn sie sagen, „Also gut, vielleicht sollte ich das nicht jeden Morgen machen", reicht dieses In-Frage-Stellen nicht aus, um den Drang zu überwinden. Motivation allein ist nicht genug. Mit einer Gewohnheit zu brechen erfordert Motivation *und* wiederholtes Handeln.

Wenn man das Bündel menschlicher Eigenschaften betrachtet, das man „persönlichen Charakter" nennt, so bestimmen Handlungen dessen Entwicklung – und Bewusstheit ist der Ausgangspunkt. Zuerst erkennen die Kinder und Jugendlichen, welche Eigenschaften sie verkörpern wollen, und dann entwickeln sie jene Eigenschaften durch wiederholte Handlungen, die mit ihrer Motivation in Einklang stehen. An dieser Stelle allerdings kann das Annehmen von und das Brechen mit Gewohnheiten heikel werden. Kinder haben Gewohnheiten, deren sie sich bewusst sind, und Gewohnheiten, deren sie sich *nicht* bewusst sind. Wenn die Kinder hoffen, positive Eigenschaften zu verkörpern, sich der negativen aber nicht bewusst sind, können sie sie unabsichtlich verstärken. Die Veränderung von unbewussten Gewohnheiten wird dadurch noch zusätzlich erschwert, dass die Handlungen, die diese Gewohnheiten verstärken, leichtfallen, weil die neuronalen Bahnen, die in ihre Richtung führen, gut eingeschliffen sind. Aus diesem Grund kann es passieren, dass die Kinder und Jugendlichen erst realisieren, dass sie die falsche Richtung eingeschlagen haben, wenn sie bereits einen recht langen Weg zurückgelegt haben. Und das ist auch in Ordnung, denn zunächst besteht das Ziel ja einfach darin, sich der eigenen Gewohnheiten und Motivationen bewusst zu werden.

Achtsame Aufmerksamkeit ist eine praktische Methode, um sich Gewohnheiten bewusst zu machen, ähnlich wie etwa Software-Dienstprogramme Fehler auf einem Computer finden. Stellen Sie sich das Gehirn als Festplatte vor, auf der Informationen über die innere und äußere Welt des Kindes automatisch gespeichert werden. Unnötige Daten auf einem Festplattenlaufwerk können einen Fehler verursachen, der den Computer verlangsamt. Dienstprogramme kümmern sich um dieses Problem, indem sie regelmäßig nach Fehlern suchen und diese beheben. Genau wie Software-Programme nach Fehlern suchen, können die Kinder ihre achtsame Aufmerksamkeit dazu verwenden, nach den Gewohnheiten ihres Geistes und Körpers zu suchen. Anders als ein Software-Programm aber kann achtsame Aufmerksamkeit nicht zwischen guten Gewohnheiten und Macken unterscheiden, noch kann sie eigenständig mit einer schlechten Gewohnheit brechen.

Um eine gute Gewohnheit zu etablieren oder mit einer unguten zu brechen, brauchen die Kinder Urteilsvermögen. Um zu verstehen, was der Begriff *Urteilsvermögen* in diesem Zusammenhang bedeutet, ist es hilfreich, ein wenig über Karma zu wissen. Das ist ein Begriff aus dem Sanskrit mit Wurzeln im Buddhismus und im Hinduismus, der „Ursache und Wirkung“ bedeutet. In der Populärkultur wird das Wort *Karma* häufig falsch gebraucht, um zu sagen, dass etwas „vorherbestimmt“ ist, doch eine zutreffendere Definition seiner Bedeutung ist, dass „Handlungen Konsequenzen haben“. Eine Handlung schließt dabei alles ein, was die Kinder sagen, tun und denken. Jede Handlung, und sei sie auch noch so klein, hat Auswirkungen. Die Kinder können feststellen, ob eine Handlung klug ist, indem sie über ihre Motivation und das Prinzip von Ursache und Wirkung nachdenken. Urteilsvermögen, Motivation sowie Ursache und Wirkung sind drei der Themen, die eine kluge und mitfühlende Haltung dem Leben gegenüber ausmachen, die wir in diesem Buch erforschen.

Das folgende Spiel gibt den Kindern und Jugendlichen eine Abfolge von Fragen an die Hand, die ihnen helfen, zu erkennen, ob eine Gewohnheit, eine Reaktion auf eine heikle Situation oder etwas, das sie tun oder sagen wollen, weise ist. Wenn ich mit Familien arbeite, ersetze ich den Begriff *weise* durch den Begriff *hilfreich*, weil er klarer definiert ist und meist schon früh zum Wortschatz der Kinder gehört. Ich wurde auf diesen Begriff aufmerksam, als ich hörte, wie Gay MacDonald, die damals Direktorin der Kindertagesstätten an der UCLA war, eine auf dem Spielplatz trotzende Vierjährige fragte, ob das, was sie gerade tat, hilfreich sei. Diese kurze Begegnung war mir eine meisterhafte Lehre, wie man jüngeren Kindern Urteilsvermögen beibringen kann. Wegen seiner Neutralität und seinem Mangel an emotionaler Aufladung ist der Ausdruck *hilfreich* tatsächlich hilfreich, wenn man mit älteren Kindern, Jugendlichen und auch Eltern Achtsamkeit praktiziert. Wenn ich die Reihe von Fragen in dem Spiel *Ist es hilfreich?* vorstelle, will ich damit nicht vorschlagen, dass die Kinder jedes Mal, wenn sie etwas tun oder sagen wollen, innehalten, reflektieren und eine Reihe Fragen durchgehen sollen, sondern nur dann, wenn sie sich in einer komplexen Situation befinden, in der die Entscheidung für eine angemessene Reaktion etwas Nachdenken erfordert.

Ist es hilfreich?

Wenn wir uns nicht sicher sind, ob etwas, das wir gerade tun oder sagen wollen, rücksichtsvoll und freundlich ist, stellen wir uns ein paar Fragen.

LEBENSKOMPETENZEN:	ZIELALTER:
Umdeuten, sich kümmern, sich verbinden	Jedes Alter

GESPRÄCHSANLEITUNG

1. Könnt ihr ein Beispiel für eine schwierige Situation nennen, in der euch die Entscheidung schwerfiel, wie ihr reagieren solltet?
   Die Kinder nennen Beispiele. Wählen Sie eines davon aus.
2. Was wäre eurer Meinung nach das Beste, was man in dieser Situation tun oder sagen könnte?
   Die Kinder äußern ihre Ideen. Wählen Sie eine davon aus.
3. Lasst uns drei Fragen stellen, um zu sehen, ob diese Reaktion eine kluge Wahl ist: „Ist es für mich hilfreich? Ist es für andere Menschen hilfreich? Ist es hilfreich für die Erde?"

Dass die Kinder und Jugendlichen zuerst überprüfen sollen, ob eine Reaktion für sie selbst hilfreich ist, bevor sie darüber nachdenken, ob sie auch für andere hilfreich ist, ist keine implizite Botschaft, dass ihre eigenen Interessen wichtiger sind als die ihrer Freunde oder die der Gruppe. Ich rege die Kinder und Jugendlichen an, sich zuerst über ihre eigenen Bedürfnisse klar zu werden, weil es schwierig, wenn nicht gar unmöglich ist, andere Menschen und deren Erfahrung klar zu sehen, wenn man sich seiner selbst nicht gewahr ist. Sie haben bereits die Reihenfolge kennen gelernt, in der die *ABCs – Aufmerksamkeit, Ausgeglichenheit und Mitgefühl* – im klassischen Meditationstraining gelehrt werden, und auch erfahren, warum Meditierende zuerst Selbstgewahrsein entwickeln, bevor sie Gewahrsein in Bezug auf andere Menschen und die Welt entwickeln. Eine ähnliche Reihenfolge haben sie in dem Spiel *Freundliche Wünsche* erlebt, in dem sie freundliche Wünsche zuerst sich selbst und dann anderen Menschen sendeten. Die Reihenfolge der Fragen in *Ist es hilfreich?* ist ein weiteres Beispiel dafür, dass Achtsamkeit damit beginnt, sich der eigenen Person zuzuwenden. Die Kinder denken zuerst darüber nach, wie sich ein Verhalten auf sie selbst auswirken würde, bevor sie sich dem Außen zuwenden und darüber nachdenken, wie es sich auf andere Menschen und die Erde auswirken würde.

Ob eine Reaktion hilfreich ist, ist nicht immer eindeutig, und in der Praxis gibt es natürlich Situationen, in denen sich Kinder und Jugendliche zwischen konkurrierenden, aber gleichermaßen wichtigen Prioritäten entscheiden müssen. Für solche Situationen bietet der Dalai Lama in *Rückkehr zur Menschlichkeit* den Rat an, dass Fragen der Ethik oft nicht schwarz und weiß seien. Nachdem wir überprüft hätten und sicher seien, dass unsere Motivation der Wunsch nach dem Wohlergehen der Menschheit sei, müssten wir das Pro und Contra der verschiedenen uns offenstehenden Wege abwägen und uns dann von unserem natürlichen Verantwortungsgefühl leiten lassen. Das sei es im Wesentlichen, was es bedeute, weise zu sein. Es überrascht nicht, dass sich die Antworten der Kinder auf die Fragen, „Ist es hilfreich für mich, für andere Menschen und für die Erde?“, häufig widersprechen. Meinungsverschiedenheiten sind eine gute Gelegenheit, nochmals zum Spiel *Die kleine Fingeranzeige* zurückzukehren, bei dem die Kinder in der Gruppe eine Frage mittels eines Handzeichens beantworten. *Die kleine Fingeranzeige* veranschaulicht auf spielerische Weise, dass Menschen unterschiedliche Ansichten haben. Zusätzlich hat sie den Vorteil, dass nicht unbeabsichtigt ein Kind im Mittelpunkt steht und eine möglicherweise sehr emotionale Frage vor seinen Freunden beantworten soll. Wenn die Antworten der Kinder sich widersprechen, stelle ich eine vierte Frage: „Was ist in dieser Situation am wichtigsten?“

Eine weise und mitfühlende Lebenshaltung wird auch durch die Fähigkeit zur Zurückhaltung im Verhalten geprägt. Es ist eine angeborene Qualität, die durch Achtsamkeit und Meditation gestärkt wird. Vom Dalai Lama in *Rückkehr zur Menschlichkeit* definiert als „absichtsvolles Unterlassen, anderen tatsächlichen oder möglichen Schaden zuzufügen", ermöglicht sie den Kindern, sich zu beherrschen, wenn sie wütend oder sehr aufgeregt sind oder ihre Worte und ihr Verhalten nur schwer kontrollieren können. In *Conscious Discipline* setzt Dr. Becky Bailey Selbstbeherrschung mit „Selbstkontrolle in Aktion" gleich und unterstreicht, dass „Selbstbeherrschung eine Entscheidung ist, die wir treffen können, unabhängig davon, wie verrückt die äußere Welt zu sein scheint". Die Fähigkeit zur Verhaltenshemmung ist, zumindest zum Teil, vom Alter und Entwicklungsniveau abhängig. Je jünger die Kinder sind, desto mehr Schwierigkeiten haben sie im Allgemeinen, sich zurückzuhalten oder auf etwas zu warten – beispielsweise mit etwas an die Reihe zu kommen oder etwas sagen zu wollen. Reiferen Kindern fällt Zurückhaltung im Allgemeinen leichter. Unabhängig vom Alter, ist es umso schwerer für die Kinder, eine Reaktion zu hemmen, je aufgeregter oder zorniger sie sind. Die Fähigkeit der Kinder, zu denken, bevor sie sprechen oder handeln, leidet zudem, wenn sie müde oder gestresst sind. Dasselbe gilt für Erwachsene. Meiner Erfahrung nach ist die Entwicklung von Zurückhaltung im Verhalten ein geradezu revolutionärer Aspekt von Meditation und Achtsamkeit, insbesondere für jüngere Kinder, und er kann sich schon relativ früh in der Praxis entwickeln. Bereits im Alter von vier Jahren können Kinder rasch lernen, dass sie konzentrierter und ruhiger werden, wenn sie innehalten und ihre Atmung spüren, bevor sie mit etwas Neuem beginnen.

Ich mache eine Pause und spüre meine Atmung

Wir singen ein Lied und lernen dabei, dass wir eine kleine Pause machen und unsere Atmung spüren können, wenn wir uns ruhiger und konzentrierter fühlen möchten.

LEBENSKOMPETENZEN:	ZIELALTER:
Sich konzentrieren, zur Ruhe kommen	Jüngere Kinder

SPIELANLEITUNG

1. *Gesprächsthemen: Wie fühlt ihr euch, wenn ihr aufgeregt seid? Es kann schwer sein, die Stimme und den Körper zu steuern, wenn wir aufgeregt sind, stimmt's? Manchmal, wenn ich mich allzu aufgeregt fühle und Hilfe brauche, um meine Stimme oder meinen Körper zu steuern, mache ich eine kleine Pause und spüre meine Atmung.*
2. Ich werde ein Lied singen, das „Ich mache eine Pause und spüre meine Atmung" heißt. Es geht so:

   Ich mache eine Pause (die Handflächen zeigen nach außen wie ein Stoppschild)
   Und spüre meine Atmung (Hände auf den Bauch)
   Dann bin ich friedlich und ruhig, bereit, zu… (essen, lesen, lernen)
   Eine Audiodatei dieses Liedes im amerikanischen Original finden Sie unter: www.susankaisergreenland.com/downloads.
3. Lasst es uns gemeinsam singen.
4. *Gesprächsthemen: Wie fühlt ihr euch, wenn ihr eine Pause macht und eure Atmung spürt? Wie könnte euch das in eurem Alltag vielleicht helfen?*

TIPPS

1. Die letzte Zeile des Liedes hängt davon ab, was die Kinder als Nächstes tun werden. Wenn sie zum Beispiel ein Buch lesen werden, lautet die letzte Zeile: „Dann bin ich friedlich und ruhig, bereit, ein Buch zu lesen."

Ich mache eine Pause und spüre meine Atmung gibt den Kindern auf spielerische Weise die Gelegenheit, Zurückhaltung im Verhalten zu üben. Ich rege sie auch dazu an, die folgenden achtsamen Aufforderungen zu verwenden.

Achtsame Aufforderungen

Wir verwenden nicht-sprachliche Aufforderungen, um uns zu sammeln und uns zu konzentrieren.

LEBENSKOMPETENZEN:	ZIELALTER:
Sich konzentrieren, wahrnehmen	Jüngere Kinder, ältere Kinder

BEISPIELE VON AUFFORDERUNGEN

1. **Ruhig werden**
   Wenn ein Kind spricht, obwohl es nicht an der Reihe ist, versuchen Sie es – anstatt ihm zu sagen, dass es still sein soll –

mit einem nonverbalen Ansatz: Nehmen Sie Blickkontakt auf, lächeln Sie und legen Sie den Finger auf die Lippen, Ihre Hand ans Ohr oder zeigen Sie in die Richtung, in die das Kind seine Aufmerksamkeit lenken soll.

2. **Hände hoch**
   Heben Sie Ihre Hand, und alle, die Sie sehen können, sollen das ebenfalls tun. Wenn Ihre Hand erhoben ist, bedeutet das, dass es keine Unterhaltungen gibt und alle Augen und Ohren auf Sie gerichtet sind. Eine Variation des Handsignals besteht darin, ein mündliches Signal zu geben, auf das die Kinder mit einer nonverbalen Geste reagieren sollen. Wenn Sie mit einer Gruppe von Kindern Achtsamkeit praktizieren, in der nicht alle Sie sehen können, heben Sie Ihre Hand und sagen Sie: „Wenn ihr meine Stimme hört, hebt eure Hand."
3. **Klatschen und wiederholen**
   Die Kinder unterbrechen das, was sie gerade tun, hören zu, wie Sie einen bestimmten Rhythmus klatschen, und wiederholen diesen dann. Die Kinder lernen rasch, den Klatschrhythmus als nonverbales Stichwort zu erkennen, dass sie zuhören und aufmerksam sein sollen. Dies hat zusätzlich den Vorteil, dass die Aufmerksamkeit trainiert wird.
4. **Zeitlupe**
   Indem Sie absichtlich langsamer werden und sich Ihrer Bewegungen bewusster sind, fordern Sie die Kinder dazu auf, dasselbe zu tun. Die Zeitlupe hilft den Kindern, Achtsamkeit und Selbstkontrolle zu entwickeln, während sie sich bewusst werden, was in ihnen und um sie herum geschieht. Wenn die Kinder das Buch *Ganz, ganz langsam* von Eric Carle kennen, können Sie auch sagen: „Bewegt euch so langsam wie ein Faultier."

5. **Den Reißverschluss hochziehen**
Sobald die Kinder mit dem Spiel *Den Reißverschluss hochziehen* vertraut sind, kann es ebenfalls als achtsame Aufforderung verwendet werden. Das Ganze funktioniert auch nonverbal, indem Sie eine Hand vor Ihren Bauchnabel legen und die andere Hand auf Ihren unteren Rücken. Warten Sie, bis die Kinder es ihnen nachmachen. Tun Sie dann so, als ob Sie einen Reißverschluss zuziehen, indem Sie Ihre Hände an Ihrer Brust und Ihrer Wirbelsäule entlang hochschieben, am Kinn und Kopf vorbei, bis beide Hände in der Luft sind; die Kinder machen es nach. Warten Sie, bis alle Kinder die Hände in der Luft haben, und geben Sie dann einen stillen Applaus.
6. **Luftballon-Arme**
Auch die *Luftballon-Arme* können als achtsame Aufforderung benutzt werden. Leiten Sie das Spiel *Luftballon-Arme* ohne Worte an, indem Sie die Handflächen beider Hände oben auf Ihrem Kopf ruhen und die Fingerspitzen sich dabei berühren lassen. Die Kinder machen es Ihnen nach, indem sie ebenfalls ihre Hände auf den Kopf legen. Warten Sie, bis alle bereit sind. Heben Sie Ihre Arme und ahmen Sie einen sich füllenden Luftballon nach (lassen Sie Ihre Finger dabei aber zusammen). Senken Sie dann Ihre Arme und ahmen Sie einen sich leerenden Luftballon nach.

Achtsame Aufforderungen unterbrechen achtlose, automatische Verhaltensweisen und schaffen etwas Raum, damit die Kinder innehalten und wahrnehmen können, wie sie sich im Moment fühlen. Die oben stehenden Aufforderungen sind eher für Kinder gedacht, aber achtsame Aufforderungen für Jugendliche und Eltern lassen sich ebenfalls überall anbringen. Hier ein paar einfache Möglichkeiten:

- Wenn ein Telefon klingelt oder summt, schaut nach, ob es irgendwelche Spannungen in eurem Körper gibt. Falls ihr welche findet, entspannt die Muskeln.
- Zügelt den Impuls, die sozialen Medien automatisch zu überprüfen, und richtet eure Aufmerksamkeit stattdessen auf eine Erfahrung im gegenwärtigen Moment (die Geräusche im Raum, die Empfindungen bei der Atmung, den Horizont, ein Blatt oder eine Blüte an einer Pflanze in der Nähe, ein friedliches Bild in eurem Geist).
- Bevor ihr einen Snack verspeist, denkt an die vielen Menschen in der Kette von Ereignissen, die dazu geführt haben, dass ihr ihn jetzt in der Hand haltet. Dankt ihnen still oder laut.
- Während ihr in einer Schlange steht, sendet freundliche Wünsche an die anderen Menschen, die mit euch warten.

Wenn ältere Kinder und Jugendliche sich ihrer Gewohnheiten langsam bewusst werden, fangen sie an, ihre automatischen, reflexhaften Reaktionen auf angenehme, unangenehme und neutrale Erfahrungen zu erkennen. Im nächsten Spiel können ältere Kinder und Jugendliche ihre Erfahrungen, die sich in drei Kategorien unterteilen lassen, wahrnehmen und lernen, die reflexhaften Reaktionen darauf zurückzuhalten. Zur Vorbereitung legen Sie für jede Person ein oder zwei Eiswürfel in eine Schale und stellen Papierhandtücher bereit.

Schmelzendes Eis

Wir halten einen Eiswürfel in der Hand, während er schmilzt, und können auf diese Weise den Unterschied zwischen einem Gefühl und einer Reaktion wahrnehmen.

LEBENSKOMPETENZEN:	ZIELALTER:
Sich konzentrieren, wahrnehmen	Ältere Kinder, Jugendliche

SPIELANLEITUNG

1. *Gesprächsthemen: Bevor ihr das Eis in die Hand nehmt, nehmt wahr, wie ihr euch fühlt. Was denkt ihr? Was spürt ihr in eurem Körper?*
2. Jetzt werden wir ein Stück Eis in die Hand nehmen und es halten, bis es schmilzt. Es fühlt sich vielleicht unangenehm an, das Eis zu halten, aber es ist nicht gefährlich und wird euch nicht wehtun. Lasst uns das Eis über dem Papierhandtuch halten, so dass wir den Boden nicht nass machen.
3. Wenn das Eis sich unangenehm anfühlt, atmet einige Male tief ein und entspannt eure Hand und euren Arm. Wenn es zu schwer für euch ist, das Eis zu halten, legt es einen Moment lang ab, nehmt es dann wieder in die Hand, und versucht es noch einmal.
4. Ohne dabei zu sprechen, nehmt wahr, wie sich das Eis in eurer Hand anfühlt, während es schmilzt. Mögt ihr, wie es sich anfühlt? Mögt ihr es nicht? Möchtet ihr es fallen lassen?
   Warten Sie etwa dreißig bis sechzig Sekunden, bevor Sie zum nächsten Schritt übergehen.
5. Nehmt wahr, wie sich eure Hand jetzt anfühlt. Haben sich die Empfindungen in eurer Hand verändert? Wie sieht es mit euren Gedanken aus?
   Bitten Sie die Kinder, das Eis zusammenzudrücken, das Eis auf verschiedene Teile ihrer Hand oder auf ihre andere Hand zu schieben und wahrzunehmen, was sich dabei verändert.
6. *Gesprächsthemen: Beschreibt, wie sich die Gefühle in eurer Hand verändert haben, je länger ihr das Eis gehalten habt. Wolltet ihr das Eis fallen lassen? Beschreibt, wie sich eure Gedanken und Gefühle verändert haben, während ihr das Eis gehalten habt.*

Als Nächstes erforschen die Kinder mit einem bunten Bewusstheitsanzeiger, wie sie auf angenehme, unangenehme und neutrale Erfahrungen reagieren. Im Allgemeinen fühlen sich die Kinder zu angenehmen Erfahrungen hingezogen und möchten an ihnen festhalten. Unangenehme Erfahrungen hingegen möchten sie loswerden und neutrale Erfahrungen langweilen sie oft und machen sie unruhig. Obwohl die Reaktionen auf angenehme, unangenehme und neutrale Erfahrungen unterschiedlich sind, haben sie den gleichen Effekt. Unabhängig davon, ob Kinder angenehmen Erfahrungen nachjagen oder versuchen, unangenehme oder langweilige loszuwerden, verpassen sie auf diese Weise das, was im Moment geschieht. Das muss sie aber nicht entmutigen. Wie Pema Chödrön in ihrem Buch *Liebende Zuwendung, Freude im Herzen* sagt: „Eine der Hauptentdeckungen in der Meditation ist die Erkenntnis, dass wir fortwährend vor der Gegenwart davonlaufen, dass wir es vermeiden, so hier zu sein, wie wir es gerade sind. Das ist aber kein Problem, denn es geht darum, genau das zu erkennen." Zwar geht es bei der Meditation um Bewusstheit, doch das allein reicht noch nicht aus, um Gewohnheitsmuster des Denkens oder Verhaltens zu verändern. Allerdings kann uns Bewusstheit dazu anspornen, die Arbeit zu tun, die notwendig ist, um nicht hilfreiche Gewohnheiten zu ändern und hilfreiche anzunehmen, indem sie etwas daran ändert, wie wir sie wahrnehmen. Die nächsten beiden Spiele nutzen ein visuelles Hilfsmittel namens *Der Bewusstheitsanzeiger*, um den Kindern diesen wichtigen Aspekt zu veranschaulichen.

Wie das Spiel *Die kleine Fingeranzeige*, das die Kinder im dritten Kapitel kennen gelernt haben, ermöglicht *Der Bewusstheitsanzeiger*, dass mehr als eine Person gleichzeitig die gleiche Frage beantwortet. Der *Bewusstheitsanzeiger* ist bewusst neutral gestaltet, um den Kindern zu helfen, sich ihrer Gedanken, Gefühle und Empfindungen bewusst zu werden, ohne sie mit Urteilen zu überlagern. Für das nächste Spiel benötigen Sie die am Ende dieses Buches abgedruckten Abbildungen – eine für Sie und eine für jedes Kind. Die Kinder können ihre *Bewusstheitsanzeiger* individuell gestalten und die Dreiecke mit Filz- oder Wachsstiften ausmalen.

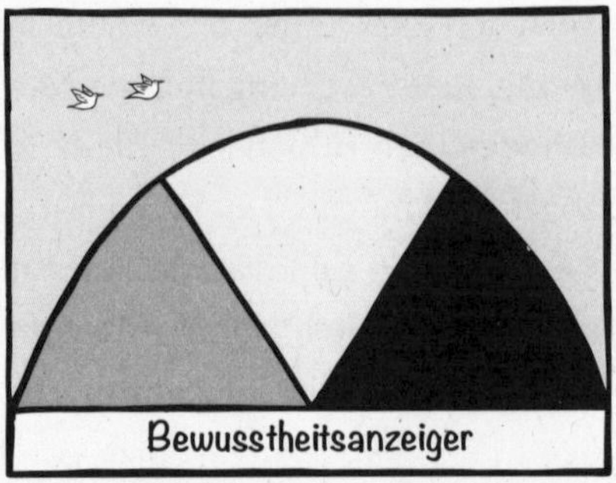

Der Bewusstheitsanzeiger

Wir benutzen einen Bewusstheitsanzeiger, um wahrzunehmen, wie wir uns fühlen, und dies anderen Menschen mitzuteilen.

LEBENSKOMPETENZEN:	ZIELALTER:
Sich konzentrieren, wahrnehmen	Jedes Alter

SPIELANLEITUNG

1. Ich werde eine Frage stellen, und wir antworten zur selben Zeit, indem wir auf eine Farbe auf unserem Bewusstheitsanzeiger zeigen. *Behalten Sie einen Bewusstheitsanzeiger und geben Sie den Kindern jeweils einen.*
2. Wenn ich „Los!" sage, zeigt auf die hellste Farbe, wenn ihr gerade darauf achtet, was hier im Raum geschieht, und zeigt auf die dunkelste Farbe, wenn ihr gerade an etwas anderes oder an einen anderen Ort denkt. Lasst uns unsere Finger auf der Farbe halten, so könnt ihr meine Antwort sehen und ich kann eure sehen. Erinnert euch daran, dass es bei diesem Spiel darum geht, wahrzunehmen, was in unserem Geist und Körper in diesem Moment geschieht; es gibt keine richtigen oder falschen Antworten. Eins, zwei, drei, los!

Deuten Sie auf eine Farbe auf dem Anzeiger und die Kinder tun dasselbe.

3. Das ist ja interessant. Jetzt habe ich noch eine Frage. Als ich euch gefragt habe, auf was ihr in der letzten Runde geachtet habt, war euer Geist in der Vergangenheit, in der Gegenwart oder in der Zukunft? Wenn ihr an die Vergangenheit gedacht habt, zeigt auf das dunkelste Dreieck, wenn ihr an die Zukunft gedacht habt, zeigt auf das hellste Dreieck, und wenn ihr an die Gegenwart gedacht habt, zeigt auf das Dreieck in der Mitte. Eins, zwei, drei, los!
4. Denkt daran, den Finger auf der Farbe liegen zu lassen, damit ich eure Antwort sehen kann.
   Gesprächsthemen. Wie oft wandert euer Geist umher? Könnt ihr ein Beispiel dazu geben, wann es nicht hilfreich ist, abgelenkt zu sein? Könnt ihr ein Beispiel dazu geben, wann es hilfreich ist, abgelenkt zu sein? Ist Tagträumen hilfreich, nicht hilfreich oder kommt es auf die Situation an?

TIPPS

1. Wenn Sie keinen Bewusstheitsanzeiger haben, können die Kinder die Fragen mit der *kleinen Fingeranzeige* beantworten. Jugendliche sind wahrscheinlich offener dafür, Fragen mit Daumen hoch, Daumen runter oder Daumen zur Seite zu beantworten, anstatt mit ihren kleinen Fingern.
2. Weitere Beispiele von Fragen, die man mit einem Bewusstheitsanzeiger stellen und beantworten kann, finden sich in den Anleitungen für *Die kleine Fingeranzeige.*

Der Bewusstheitsanzeiger und *Die kleine Fingeranzeige* sind nützliche Werkzeuge in einem Gespräch darüber, wie man in einer schwierigen Situation am besten reagiert. Um eine gute Grundlage für dieses möglicherweise emotionale Gespräch zu schaffen, beginnen Sie damit, weit verbreitete automatische Reaktionen auf Erfahrungen zu erkunden, die nicht emotional aufgeladen sind, wie zum Beispiel im folgenden Spiel, bei dem die Kinder wahrnehmen können, wie sie auf verschiedene Klänge reagieren. Zur Vorbereitung nehmen Sie verschiedene Musikinstrumente und platzieren sie außerhalb der Sichtweite der Kinder.

Was habe ich da gehört? – mit Bewusstheitsanzeiger

Wir hören auf die uns umgebenden Klänge und nehmen wahr, wie wir uns durch sie fühlen.

LEBENSKOMPETENZEN:	ZIELALTER:
Sich konzentrieren	Jedes Alter

SPIELANLEITUNG

1. Setzt euch mit geradem Rücken und entspanntem Körper hin und lasst eure Hände sanft auf den Knien ruhen. Wenn ihr möchtet, könnt ihr die Augen schließen. Nehmt wahr, wie es sich im Augenblick anfühlt, einzuatmen und auszuatmen.
2. Ich werde mit verschiedenen Instrumenten einige Töne machen. Ihr müsst euch nicht extra anstrengen, um sie zu hören. Entspannt euch einfach und hört zu.
   Erzeugen Sie verschiedene Töne mit den Instrumenten oder mit interessanten Gegenständen – zum Beispiel mit einem Shaker oder einem Streichinstrument; klopfen Sie Steine aneinander oder schütteln Sie Münzen.

3. Hört genau hin, und versucht zu raten, was es ist, das die Töne hervorbringt. Entspannt euch einfach, und wartet, bis die Töne wie kleine Überraschungen auftauchen. Versucht, euch daran zu erinnern, was ihr gehört habt, denn am Ende würde ich gerne eure Vermutungen hören.
   Erzeugen Sie ungefähr eine Minute lang Töne.
4. *Gesprächsthemen: Konntet ihr erraten, was die Töne hervorgebracht hat? Hat es euch überrascht, was ihr gehört habt? Wie war es, mit geschlossenen Augen die verschiedenen Töne zu hören?*
   Geben Sie jedem Kind einen Bewusstheitsanzeiger und behalten Sie einen für sich selbst.
5. Ich werde nochmals einige Töne machen, aber dieses Mal möchte ich, dass ihr wahrnehmt, wie ihr euch bei den verschiedenen Tönen fühlt. Wenn ein Ton euch angenehm ist, zeigt auf das dunkelste Dreieck auf dem Anzeiger, und wenn er euch unangenehm ist, zeigt auf das hellste Dreieck. Wenn euch ein Ton weder angenehm noch unangenehm ist, zeigt auf das mittlere Dreieck. Haltet euren Finger auf der Farbe, damit wir alle sehen können, wie jeder von uns sich fühlt.
   Erzeugen Sie die Töne mit den gleichen Instrumenten oder Gegenständen wie zuvor. Lassen Sie zwischen jedem Ton genügend Zeit, damit die Kinder darauf reagieren und auf ein Dreieck auf ihrem Bewusstheitsanzeiger zeigen können.
6. *Gesprächsthemen: Habt ihr euch gewünscht, dass die angenehmen Töne weitergehen? Habt ihr euch gewünscht, dass die unangenehmen Töne aufhören? Hat euer Körper auf die Töne reagiert? Hat euer Körper auf jeden Ton gleich reagiert?*

Achtsame Aufforderungen, Schmelzendes Eis, Der Bewusstheitsanzeiger, Was habe ich da gehört? und *Die kleine Fingeranzeige* sind Spiele, die die Lebenskompetenzen *sich konzentrieren* und *wahrnehmen* fördern. Werden sie gestärkt, so entwickeln die Kinder allmählich immer mehr Vertrauen, dass sie in der Lage sind, sich zu beherrschen, wenn sie sehr aufgeregt oder wütend sind. Infolgedessen trauen sie sich mit größerer Wahrscheinlichkeit, neue Dinge auszuprobieren, mit neuen Ideen zu experimentieren und kreativ zu sein.

11

DAS FLUTLICHT DER AUFMERKSAMKEIT

Wie die Mutter aus dem Kapitel zum achtsamen Atmen, die zu meditieren aufhörte, weil sie von starken Gefühlen überwältigt wurde, wie der Vater, der zu meditieren aufhörte, weil er sich in Gedanken verlor oder abschaltete, und auch ich, als ich zu meditieren anfing, haben viele Kinder Angst, dass sie die Fassung verlieren, wenn sie nicht länger versuchen, die Gedanken und Gefühle in Schach zu halten, die in ihren Köpfen hin- und herspringen. Was aber keiner von uns zunächst erkennen konnte, ist, dass wir unseren Gedanken, Überzeugungen und Gefühlen hinterherjagten, sie vermieden, übermäßig analysierten und uns mit ihnen identifizierten. Nicht die geistige Aktivität an sich war das Problem, sondern die Art und Weise, wie wir darauf reagierten. In *Werde ruhig wie ein tiefer See (Turning Confusion into Clarity)* beschreibt Yongey Mingyur Rinpoche, wie sein Vater ihn etwas über Meditation lehrte, indem er das Verhalten eines schlechten Schäfers mit dem eines guten Schäfers verglich. Er sagt darin, ein schlechter Schäfer habe einen eingeschränkten Blick. Er jage vielleicht diesem einen Schaf nach, das nach links ausbüchst, verpasse dabei aber dasjenige, das nach rechts abhaut, und so rennt er schließlich im Kreis wie ein Hund, der seinen Schwanz jagt. Dann erklärt der Meditationsmeister seinem wissbegierigen jungen Sohn, dass wir, wenn wir meditieren, nicht versuchen, all unsere Gedanken und Gefühle zu kontrollieren. Wir würden einfach nur ganz natürlich in uns ruhen, wie der gute Schäfer, wachsam und aufmerksam.

Im letzten Kapitel haben die Kinder bei dem Spiel *Schmelzendes Eis* und bei den Spielen mit dem *Bewusstheitsanzeiger* gelernt, dass die natürliche menschliche Tendenz, nach angenehmen Gedanken zu streben und unangenehme zu vermeiden, sehr sinnvoll ist. Sie haben außerdem erfahren, dass sie, wenn ihnen nicht bewusst ist, was sie tun, möglicherweise darin feststecken, ihren Gedanken und Gefühlen immer weiter hinterherzujagen oder vor ihnen davonzulaufen. Das ist einer der Gründe, warum *Bewusstheit* so wichtig ist. Wenn die Kinder feststellen, dass sie feststecken, haben sie die Chance, einen Schritt zurückzutreten und darüber nachzudenken, was der Grund dafür ist. Erinnern Sie sich an die Geschichte über den Affen im vierten Kapitel, der die Banane nicht loslassen wollte? Genau wie der Affe sich aus der Falle des Jägers hätte befreien können, wenn er bereit gewesen wäre, die Banane fallen zu lassen, können sich ältere Kinder und Jugendliche aus ihren inneren Fallen befreien, indem sie sich entspannen und ihre Gedanken einfach in Ruhe lassen. Fingerfallen (manchmal auch chinesische oder mexikanische Fingerfallen oder Handschellen genannt) sind eine nützliche Veranschaulichung und eine erfahrungsbasierte Metapher dafür, wie man sich befreien kann. Geben Sie zur Vorbereitung jedem Kind eine Fingerfalle und behalten sie eine für sich selbst.

Die Fingerfalle

Wenn wir an den Fingerfallen ziehen, werden unsere Finger festgehalten; aber wenn wir uns entspannen und zu ziehen aufhören, kommen unsere Finger wieder frei.

LEBENSKOMPETENZEN:	ZIELALTER:
Sich konzentrieren, wahrnehmen	Ältere Kinder, Jugendliche

SPIELANLEITUNG

1. Steckt eure beiden kleinen Finger in die beiden Enden des Zylinders.
2. Zieht eure Finger auseinander, und versucht, eure Finger aus der Falle zu ziehen.
   Die Zylinder verengen sich und die Finger der Kinder stecken darin fest.
3. Jetzt hört auf zu ziehen, entspannt euch und atmet. Bewegt eure Finger aufeinander zu.
   Die Spannung lässt nach, der Zylinder wird weiter und erlaubt den Kindern, ihre Finger aus der Falle zu ziehen.
4. *Gesprächsthemen: Wie kann man seinen Finger am besten aus der Falle befreien? Inwiefern ähnelt der in der Falle festsitzende Finger uns selbst, wenn wir in Gedanken, Gefühlen und Stress feststecken?*

Die Spiele in diesem Kapitel aktivieren das Flutlicht der Achtsamkeit und helfen älteren Kindern auf diese Weise, ihren eigenen Geist besser zu verstehen. Das Flutlicht der Achtsamkeit ist ein breiter, empfänglicher Strahl, der ein weites Feld sich verändernder Erfahrungen beleuchtet. Spiele, die das Flutlicht nutzen, werden *Bewusstseinsspiele* genannt. Damit üben die Kinder gedankliche Zurückhaltung – ein weiteres Thema, das wir in diesem Buch erforschen wollen –, indem sie wahrnehmen, was in ihrer inneren und äußeren Welt geschieht (Gedanken, Gefühle, Empfindungen, Töne, Temperatur), ohne darauf zu reagieren. Chögyam Trungpa Rinpoche beschreibt den Nutzen der gedanklichen Zurückhaltung in seinem Buch *Mit den Augen eines Buddha (Mindfulness in Action)*, wo er erklärt, dass dieser Ansatz den Denkprozess nicht völlig abschneide, sondern ihn auflockere. Die Gedanken würden transparent und locker, so dass sie sich leichter durch unseren Geist bewegen oder in ihm schweben können. Gedanken seien häufig sehr schwer und klebrig, sie verweilten und verlangten, dass wir sie beachteten. Aber durch diesen Ansatz würde der Denkprozess entspannt und flüssig, grundlegend transparent. Auf diese Weise lernen wir, mit unserem Denkprozess umzugehen, anstatt zu versuchen, einen völlig gedankenfreien Zustand zu erreichen. Beim Anleiten von Bewusstseinsspielen sollte man jedoch beachten, dass jüngere Kinder in ihrer Entwicklung noch nicht so weit sind, Reaktionen auf Gedanken, Gefühle und Empfindungen zurückzuhalten.

Als ich Mark Greenberg, den Gründer und Leiter des *Prevention Research Center for the Promotion of Human Health* an der Penn State University, fragte, ab welchem Alter diese metakognitive Fähigkeit sich entwickelt, antwortete er, das sei zwar von Kind zu Kind verschieden, wahrscheinlich aber entwickele sie sich nicht vor der vierten Klasse. Allerdings lassen sich Bewusstseinsspiele leicht abändern und zu Ankerspielen machen, die auch für jüngere Kinder geeignet sind. Entsprechende Vorschläge habe ich angefügt.

Man sollte außerdem nicht vergessen, dass der Umgang mit Ablenkungen bei Bewusstseinsspielen, die das Flutlicht der Aufmerksamkeit nutzen, ein anderer ist als bei Ankerspielen, die die Taschenlampe der Aufmerksamkeit nutzen. Bei den Ankerspielen ist alles, was die Aufmerksamkeit der Kinder von ihrem Anker wegzieht, eine Ablenkung. Bei den Bewusstseinsspielen hingegen wird nichts als Ablenkung betrachtet. Wenn ältere Kinder und Jugendliche aufhören, der Aktivität in ihrem Geist nachzujagen, sie übermäßig zu analysieren, zu vermeiden und sich zu sehr mit ihr zu identifizieren, können sie anders mit ihr umgehen. Infolgedessen beginnt der Griff unangenehmer Überzeugungen, Gedanken und Gefühle sich zu lockern und zu lösen. Dann sind die Kinder in der Lage, mit mehr Klarheit und Gleichmut wahrzunehmen, was in ihnen und um sie herum geschieht. Ich veranschauliche dieses etwas „kopfige" Konzept anhand einer Wackelkopffigur.

Der Wackelkopf

Wir schütteln eine Wackelkopffigur, damit wir besser verstehen, wie man die eigenen Gedanken und Gefühle in Ruhe lassen kann, anstatt auf sie zu reagieren.

LEBENSKOMPETENZEN:
Zur Ruhe kommen

ZIELALTER:
Ältere Kinder, Jugendliche

DEMONSTRATIONSANLEITUNG

1. Manchmal fühle ich mich wie eine Wackelkopffigur. Wenn ich aufgeregt, wütend oder ärgerlich bin, fängt mein Geist manchmal an, so schnell in meinem Kopf herumzurasen, dass ich mich dann so fühle.
   Schütteln Sie die Wackelkopffigur – und tun Sie dies während der Demonstration immer wieder.
2. Habt ihr euch auch schon einmal wie eine Wackelkopffigur gefühlt?
   Falls die Kinder keine Beispiele nennen, geben Sie einige von sich selbst: „Einmal stand ich im Stau und habe mir Sorgen gemacht, dass ich zu spät zum Unterricht kommen würde. Einmal habe ich das ganze Haus nach dem Buch durchsucht, dass ich gerade gelesen habe, konnte es aber nirgends finden."
3. Es ist verwirrend, wenn man sich wie eine Wackelkopffigur fühlt. Die Gedanken, Gefühle und Überzeugungen, die in unserem Kopf herumspringen, rufen scheinbar nach unserer Aufmerksamkeit. Wenn wir aber versuchen, ihnen allen Beachtung zu schenken, verlieren wir uns leicht und es wird schwer, klar zu denken.
   Schütteln Sie die Wackelkopffigur noch einmal.
4. Was sollten wir also tun?

5. *Gesprächsthemen: Sollten wir versuchen, unsere Gedanken loszuwerden? Wie? Was würde geschehen, wenn wir nichts täten? Was, wenn wir unsere Gedanken einfach in Ruhe lassen und nicht auf sie reagieren?*
Stellen Sie die Wackelkopffigur auf eine feste Oberfläche. Die Bewegung des Kopfes wird langsamer und hört schließlich auf.
6. Unsere Gedanken und Gefühle verschwinden nicht völlig – und das wollen wir ja gar nicht. Wenn wir sie in Ruhe lassen, beruhigen sie sich irgendwann und wir können wieder klar denken.
7. *Gesprächsthemen: Was geschieht, wenn wir wieder anfangen, über unsere Gedanken zu grübeln?*
Schütteln Sie die Wackelkopffigur.
8. Wenn wir in einer schwierigen Situation sind, ist es klar, dass unser Geist wieder anspringt, selbst wenn wir ihn zuvor beruhigen konnten. Wenn das passiert, können wir uns entspannen und wahrnehmen, was geschieht, ohne darauf zu reagieren. Dann wird der Geist sich von selbst beruhigen.

Um etwas an ihrem Umgang mit ihren Gedanken, Gefühlen und Überzeugungen zu ändern, müssen die Kinder sie zuerst genauer kennen lernen – und das erfordert Konzentration. Deshalb werden in diesem Buch die Phantasiereisen und Ankerspiele, die die Konzentration fördern (also die Taschenlampe der Aufmerksamkeit aktivieren) vorgestellt, bevor es nun um die Bewusstseinsspiele geht, die das Flutlicht der Aufmerksamkeit aktivieren. Denken Sie daran, dass die Taschenlampe und das Flutlicht keine unterschiedlichen Arten von Aufmerksamkeit sind, obwohl es hilfreich ist, diese dergestalt vorzustellen. Um eine Schulmetapher zu benutzen, die der amerikanische Lama Surya Das prägte: Bewusstseinsspiele sind „wie ein Hauptfach in panoramischer Aufmerksamkeit [das Flutlicht] mit einem Nebenfach in Konzentration [die Taschenlampe]“.

Es gibt kaum eine bessere Möglichkeit für ältere Kinder und Jugendliche, diese entspannende, weite, einem Flutlicht gleichende Art der Aufmerksamkeit zu üben, als in den Sternenhimmel zu schauen. Zur Vorbereitung suchen Sie einen bequemen Platz, von dem aus man den Himmel sehen kann, und stellen Stühle bereit oder breiten Decken aus. Auch jüngere Kinder schauen gerne in den Himmel. Die folgenden Anleitungen beinhalten eine Adaption, so dass das Spiel für sie ebenfalls geeignet ist.

Der Sternenhimmel

Wir entspannen uns und schauen in den Himmel, und wir erforschen dabei, was im Moment geschieht.

LEBENSKOMPETENZEN:	ZIELALTER:
Sich konzentrieren, sich kümmern	Ältere Kinder, Jugendliche (mit einer Modifikation für jüngere Kinder)

SPIELANLEITUNG

1. Setzt oder legt euch bequem hin und entspannt euch in den natürlichen Rhythmus eurer Atmung hinein.
2. Schaut auf den Horizont und lasst euren Blick leicht darauf ruhen. Haltet eure Augen entspannt, ohne irgendeinen bestimmten Gegenstand zu fokussieren.
3. Nehmt all die Veränderungen wahr, die ihr am Himmel, am Mond oder in den Sternen seht.
4. Wenn Gedanken oder Gefühle auftauchen, könnt ihr sie einfach in Ruhe lassen. Wenn ihr eure Gedanken und Gefühle nicht analysiert oder darüber nachdenkt, werden sie wahrscheinlich kommen, eine Weile dableiben und dann von selbst verschwinden.

Wenn Sie mit jüngeren Kindern in die Sterne schauen, ersetzen Sie den Schritt Nummer 4 durch die folgende Anleitung: „Wenn ihr bemerkt, dass ihr abgelenkt seid und an etwas anderes denkt, ist das in Ordnung – spürt einfach einige Atemzüge lang eure Atmung und kehrt dann dazu zurück, den Himmel zu betrachten."

5. *Gesprächsthemen: Was habt ihr gesehen? Hat es euch überrascht, was ihr gesehen habt? Ist der Himmel gleich geblieben? Hat er sich verändert? Könnt ihr beschreiben, wie ihr euch gefühlt habt? Wie fühlt ihr euch jetzt?*

TIPPS

1. Üben Sie den *Sternenhimmel* zu Beginn für kurze Zeiträume – und verlängern Sie diese nach und nach.
2. Probieren Sie es auch aus, tagsüber in den Wolkenhimmel zu schauen. Nehmen Sie Liegestühle oder ein paar Strandtücher mit und suchen Sie nach einem schattigen Platz im Freien. Regen Sie die Kinder an, wahrzunehmen, wie die Blätter im Wind tanzen, die Wolken vorbeiziehen und sich noch weitere Dinge in ihrer Umgebung verändern.
3. *Der Sternenhimmel* und *Der Wolkenhimmel* sind tolle Möglichkeiten für Kinder (und Erwachsene), zur Ruhe zu kommen und sich etwas Gutes zu tun, wenn sie einen hektischen Alltag haben und sich gestresst fühlen.

Beim *Sternenhimmel* geht es nicht ums Abschalten. Es geht darum, älteren Kindern beizubringen, das, was auch immer in ihrem Geist hochsprudelt, von selbst auftauchen und wieder ziehen zu lassen.

Es ist gut, wenn die Sternengucker ihren Geist frei umherschweifen lassen, vorausgesetzt, sie bemerken, was in ihrem Kopf vor sich geht. Doch selbst die versiertesten Meditierenden verlieren sich ab und zu in Gedanken. Um zurückzukommen, richten alle, unabhängig vom Alter, ihren Blick wieder auf den Horizont. Diese offene, rezeptive Art der Meditation erfordert eine starke Konzentration, und vielen neuen Meditierenden, jungen und alten gleichermaßen, fällt dies schwer. Eine andere, strukturiertere Möglichkeit, mit Gedanken umzugehen, ist, sie mit „denken" zu benennen, wie es ältere Kinder und Jugendliche beim folgenden Spiel tun.

Ausruhen und wahrnehmen

Während wir uns entspannen und unsere Aufmerksamkeit auf die mit der Atmung einhergehenden Empfindungen richten, nehmen wir es wahr, wenn Gedanken und Gefühle uns ablenken, indem wir still das Wort „denken“ sagen.

LEBENSKOMPETENZEN:
Sich konzentrieren, sich kümmern

ZIELALTER:
Ältere Kinder, Jugendliche

SPIELANLEITUNG

1. Setzt euch mit geradem Rücken und entspanntem Körper hin und lasst eure Hände sanft auf den Knien ruhen. Wenn es für euch angenehm ist, könnt ihr die Augen schließen.
2. Lasst uns wieder unseren Atemanker suchen, genauso wie wir es beim Spiel *Achtsam atmen* gemacht haben. Lasst euch Zeit, um herauszufinden, wo ihr eure Atmung am deutlichsten spüren könnt – an eurer Nase, in eurer Brust oder in eurem Bauch.
3. Wenn ihr ausatmet, versucht, eure Aufmerksamkeit sanft auf eurem Ausatem ruhen zu lassen und dabeizubleiben, bis sie ganz zu Ende ist. Lasst uns das einige Atemzüge lang machen.
4. Jetzt widmet eurer Atmung keine besondere Aufmerksamkeit mehr. Ruht euch einfach aus.
5. Wenn Gedanken und Gefühle nach oben sprudeln, versucht, nicht zu viel über sie nachzudenken. Das nächste Mal, wenn ihr einen Gedanken oder ein Gefühl wahrnehmt, sagt einfach still das Wort „denken“ zu euch selbst. Ruht euch dann aus und spürt den natürlichen Rhythmus eurer Atmung.

6. Das nächste Mal, wenn ihr still das Wort „denken“ sagt, nehmt den inneren Klang eurer Stimme wahr.
   Fahren Sie mit dieser Meditation fort, solange sie den Kindern angenehm zu sein scheint und sie bei der Sache sind.

TIPPS

1. In der Anleitung werden die Worte „sanft“ und „leicht“ verwendet, damit die Kinder sich entspannen und nicht in Stress geraten.
2. Die Kinder werden dazu eingeladen, ihre Aufmerksamkeit auf der Ausatmung ruhen zu lassen und ganz bis zu deren Ende dabeizubleiben. Dies macht ihre Aufmerksamkeit stabiler; zudem finden viele Kinder es entspannend und beruhigend.

Der letzte Schritt in der Anleitung von *Ausruhen und wahrnehmen* (Schritt 6) gibt älteren Kindern und Jugendlichen die Gelegenheit, auf einfache und unmittelbare Weise Selbstgewahrsein und Selbstmitgefühl zu praktizieren, indem sie den Klang ihrer Stimme wahrnehmen, wenn sie mit sich selbst sprechen. Wenn ein innerer Zwischenrufer Beleidigungen ins Ohr eines Kindes flüstert, können sich die schwierigen Gefühle, die darauf folgen, sehr real und überwältigend anfühlen. Insofern kann die Erkenntnis, dass ihr negatives Selbsturteil nicht real ist, für die Kinder sehr befreiend sein; gleichzeitig können sie Mitgefühl für denjenigen inneren Anteil praktizieren, der dem Selbsturteil Glauben schenkt. Für ältere Kinder und Jugendliche ist es eine Gelegenheit, Selbstmitgefühl zu üben, wenn sie den Tonfall wahrnehmen, in dem sie mit sich selbst sprechen, und zu überlegen, ob er eher dem eines hilfreichen Freundes oder dem eines wenig hilfreichen Zwischenrufers ähnelt. Still das Wort *denken* zu sagen und ihren inneren Tonfall wahrzunehmen kann auch bei dem Spiel *Sternenhimmel* für ältere Kinder hilfreich sein.

Ausruhen und wahrnehmen und *Der Sternenhimmel* fördern das Ausruhen und Entspannen. Das Spiel *Ausruhen und entspannen* ist an und für sich schon großartig, aber es hat noch viel mehr zu bieten. Wenn Kinder und Jugendliche entspannt und ausgeruht sind, können sie das, was in ihnen und um sie herum vor sich geht, entspannt und mit klarem Kopf beobachten. Eines der ersten Dinge, die sie dann bemerken, ist, dass sich alles verändert. Während sie in den Himmel schauen, beobachten sie, dass sich das Licht und die Farben ändern; während sie sich ausruhen und wahrnehmen, spüren sie, wie ihre Atmung sich verlangsamt und vertieft; während sie achtsam zuhören, hören sie, wie Klänge auftauchen und vergehen; während sie meditieren, beobachten sie, wie ihre Gedanken und Gefühle kommen und gehen. Diese Beobachtungen bieten die Gelegenheit, mit den Kindern darüber zu sprechen, dass alles im Fluss ist und sich stetig verändert. So betrachtet, kann die Tatsache, dass alles sich verändert, zu einer tröstlichen Angelegenheit werden, insbesondere dann, wenn das Leben ungerecht zu sein scheint. Morgen sieht alles wieder anders aus. Und was auch immer die Kinder gerade durchmachen, irgendwann wird auch das sich ändern.

Teil Fünf

Sich verbinden

An einem herrlichen Herbsttag findet der Löwe bei der Gartenarbeit einen kleinen Vogel, der sich einen Flügel gebrochen hat. Ein Vogelschwarm fliegt über ihren Köpfen hinweg, und während der Löwe den gebrochenen Flügel verbindet, schaut das ungleiche Paar zu, wie die Familie des Vögelchens nach Süden zieht. Es ist zurückgelassen worden. Die beiden verbringen den Winter in der gemütlichen Hütte des Löwen, sie lesen und essen gemeinsam und genießen jeden Tag. Schließlich wandelt sich der Winter in den Frühling und der Schwarm des Vögelchens kehrt zurück. Es bedeutet dem Löwen, dass es fortgehen muss, und der Löwe antwortet: „Ich weiß." Wir blättern die Seite des Märchenbuches um und finden eine herzzerreißende Illustration der ersten Einsicht der Achtsamkeit. Unter einer melancholischen Zeichnung des Löwen, der allein nach Hause geht, stehen die Worte: „Manchmal ist das Leben so." Der Löwe kümmert sich um seinen Garten, liest seine Bücher und gewöhnt sich wieder an das Leben allein. Zu seiner Überraschung und Freude kommt mit dem Herbst auch der Vogel zurück und sie verbringen einen weiteren gemütlichen Winter zusammen. Diese Geschichte mit dem Titel *Der Löwe und der Vogel* von Marianne Dubuc ist ein wunderschönes Beispiel für Mitgefühl in Aktion.

Im Hinblick auf Mitgefühl sind Verben wichtiger als Substantive – es zeigt sich mehr in Handlungen als in Gedanken. Die meisten Spiele in den ersten vier Abschnitten dieses Buches sind introspektive Praktiken, die den Kindern helfen sollen, Weisheit und Mitgefühl zu kultivieren, indem sie sich bewusst werden, was in ihnen und um sie herum geschieht. Die folgenden Spiele bringen jene Qualitäten nun absichtsvoll in die Handlungen und Beziehungen der Kinder. Der Weg des Mitgefühls ist kein linearer Weg, den man für sich allein gehen kann, sondern ein dynamischer und auch ein zutiefst befriedigender, obwohl er manchmal auch Opfer erfordert. Mitgefühl zu haben ist einfach, wenn die Kinder es von sich aus empfinden, doch der wahre Test kommt dann, wenn man es nicht empfindet und trotzdem mitfühlend handelt. Die Themen, die ich für dieses Buch ausgewählt habe, stammen aus bedeutsamen, reichhaltigen Traditionen, aber wenn ich mich für nur eine Lektion entscheiden müsste, um sie als

Vermächtnis meiner Arbeit mit Kindern und Familien weiterzugeben, so wäre es diese: Lass das Streben nach Leistung los und konzentriere dich mehr auf die Güte dessen, was du tust, als auf das Ergebnis. Und dann lass die Musik spielen*

* „Die Musik spielen lassen" ist eine Anspielung auf Chögyam Trungpa Rinpoches Metapher „die Phänomene spielen lassen" („Let the phenomena play"), Anm. d. Übers.

12

MEHR SEIN ALS SCHEINEN

Der lateinische Ausdruck *esse quam videri* fällt mir ins Auge, während ich einige Briefe, die irrtümlich an unsere Adresse geliefert worden sind, im ehemaligen Schlafzimmer meiner inzwischen erwachsenen Tochter ablege. Er ist auf einen limettengrünen Notizzettel geschrieben, den sie vor Jahren an den Rand ihres Bücherregals heftete. Ich schnappe mir ein Wörterbuch und schlage nach: „Mehr sein als scheinen." Später schicke ich ihr eine Textnachricht mit der Bitte um einen Ratschlag in einer heiklen Angelegenheit. „You do you"* simst sie zurück, drei einsilbige Worte, die für sie eine bestimmte Bedeutung haben, nicht aber für mich. Ich suche auf der Homepage des *Urban Dictionary* nach „You do you": „Die Dinge tun, die man normalerweise tut. Nicht mehr, nicht weniger." Als Studentin der Altphilologie und Rap-Musikfan setzt meine Tochter Empathie, Einstimmung und Mitgefühl in die Tat um, drei universelle Themen, die eine weise und mitfühlende Lebenshaltung ganz wesentlich ausmachen.

Obwohl sie häufig austauschbar benutzt werden, hat jeder dieser Begriffe eine unterschiedliche, eigene Bedeutung. *Empathie* ist die Fähigkeit, zu

---

* Auf Deutsch etwa: „Sei einfach Du selbst", Anm. d. Übers.

verstehen, wie etwas aus der Perspektive einer anderen Person aussieht und sich anfühlt, während *Einstimmung* mit der Erfahrung zu tun hat, sich gesehen und verstanden zu fühlen. *Mitgefühl* bedeutet, die Perspektive einer anderen Person wahrnehmen und verstehen zu können, wie sie sich fühlt, sowie weise und freundlich zu reagieren. Die Unterschiede zwischen diesen Themen mögen gering erscheinen, aber im Kontext einer lebendigen Beziehung sind sie durchaus bedeutsam. So können Kinder zum Beispiel Empathie mit jemandem haben (die Gedanken und Gefühle der anderen Person verstehen), aber wenn sie sich nicht mit dieser Person verbinden, können sie sich weder wirklich auf sie einstimmen (und die andere Person fühlt sich dann nicht gesehen und verstanden) noch mitfühlend sein (sie reagieren nicht weise und freundlich auf die andere Person). Andererseits können Kinder sich so tief mit dem Leid einer anderen Person verbinden, dass sie selbst leiden (sie sind empathisch und stimmen sich auf die Erfahrung der anderen Person ein). Doch wenn sie so mit den Gefühlen der anderen Person identifiziert sind, dass sie nicht mehr objektiv wahrnehmen, was geschieht, und darauf objektiv reagieren können, können sie auch nicht mit Mitgefühl reagieren. Als meine Tochter meine Nachricht beantwortete, ließ sie mich wissen, dass sie sah und verstand, womit ich zu kämpfen hatte (sie hatte Empathie), ich fühlte mich gesehen und verstanden (wir waren aufeinander eingestimmt), und ihre Ermutigung, ich selbst zu sein, war mitfühlend.

Die Gefühle anderer zu verstehen und selbst zu kennen ist eine Voraussetzung für Einstimmung und Mitgefühl, insofern ist Empathie der Zugang zu beidem. In ihrem Buch *Conscious Discipline* erklärt Becky Bailey, dass die Fähigkeit zur Empathie in der frühen Kindheit entsteht und sich nach und nach während der Jugendjahre entwickelt. Vor dem Alter von sechs Jahren erkennen Kinder zwar, dass ein Freund wütend oder traurig ist, ihr Ausdruck von Trost und Sympathie ist aber mitunter nicht sehr hilfreich, weil sie die Welt noch fast völlig aus ihrer eigenen Perspektive betrachten. Zwischen sechs und neun Jahren nimmt die Fähigkeit, empathisch mit Freunden und Familienmitgliedern zu sein, zu, bleibt aber vorerst noch recht eng und auf bestimmte Situationen beschränkt, in die die Kinder sich hineinversetzen können. Später, in der Präadoleszenz, fangen sie zu generalisieren an und können für Menschen, die zu anderen Zeiten, an anderen Orten und in anderen Kulturen leben, Empathie empfinden. Ältere Kinder und Jugendliche lassen *zwischenmenschliche Einstimmung* erkennen, wenn sie sich mit einem offenen Geist auf die innere Welt einer anderen Person einstimmen und die andere Person sich gesehen und verstanden fühlt. Allerdings bezieht sich der Ausdruck *Einstimmung* häufiger darauf, wie ein Elternteil auf ein Kind reagiert, als darauf, wie ein Kind auf einen Elternteil oder einen Freund reagiert. Er wird oft im Zusammenhang mit dem Ausdruck *Bindung* gebraucht, um die emotionale Beziehung zwischen Eltern und Kind zu beschreiben. Eine gebundene, eingestimmte Beziehung schafft eine tiefe und beständige emotionale Verbundenheit zwischen Kindern und Eltern, über Zeit und Raum hinweg. Eine sichere Bindung an ein Elternteil oder an eine andere Bezugsperson gibt den Kindern die emotionale Sicherheit einer Ausgangsbasis, von der aus sie vertrauensvoll die Welt jenseits ihrer Kernfamilie erkunden können. Wie Kinder als Erwachsene die Welt sehen und sich in ihr bewegen, hängt von vielen Faktoren ab, unter anderem von genetischen Einflüssen, dem Temperament und dem IQ. Ein wichtiger Prädiktor dafür, wie es den Kindern als Erwachsenen ergeht, sind ihre frühen Lebenserfahrungen. Den Eltern mag dies wie eine enorme Verantwortung erscheinen, selbst wenn sie intellektuell verstehen mögen, dass es so etwas wie perfekte Eltern nicht gibt und dass man als ideale Eltern einfach nur *gut genug* zu sein braucht.

Kinder wachsen daran und werden selbstständiger, wenn sie die Gelegenheit haben, auf die kleinen Versagen ihrer Eltern angemessen zu reagieren und damit umzugehen, wenn die Eltern einmal schlecht drauf oder spät dran sind oder etwas vergessen haben. Der Kinderarzt und Kinderanalytiker Dr. D.W. Winnicott, der den Ausdruck „ausreichend gute Mutter" prägte, erklärt, dass die ausreichend gute Mutter „sich zu Beginn fast komplett an die Bedürfnisse ihres Kindes anpasst und die Anpassung im Laufe der Zeit allmählich immer weniger wird, entsprechend der wachsenden

Fähigkeit des Kindes, mit ihrem Versagen umzugehen. Ihr Versagen, sich allen Bedürfnissen des Kindes anzupassen, hilft diesem, sich an die äußere Wirklichkeit anzupassen." Selbst die erleuchtetsten Eltern mit den besten Vorsätzen können nicht die ganze Zeit perfekt auf ihr Kind eingestimmt sein. Glücklicherweise ist Perfektion auch gar nicht notwendig – daher der Ausdruck *gut genug*. Fehler sind nicht nur in Ordnung, sondern zu erwarten; wichtig ist nur, dass Eltern und Kinder ihre Fehler wiedergutmachen, indem sie darüber sprechen.

Dr. Mark Epstein, Autor mehrerer Bücher über Meditation und Psychotherapie, zeigt in seinem Buch *The Trauma of Everyday Life* einen Zusammenhang zwischen ausreichend guter Elternschaft und ausreichend guter Meditation auf: „Das beständige Einnehmen einer meditativen Haltung lässt, genau wie die Beständigkeit eines eingestimmten Elternteils, etwas dem geistigen Potenzial Innewohnendes zum Leben erwachen – und es erwacht ganz natürlich, wenn man es auf eine *ausreichend gute* Weise in Ruhe lässt." Die meditative Haltung, die Epstein anspricht, ist ein Beispiel für *innere Einstimmung* (im Gegensatz zu zwischenmenschlicher Einstimmung). Wie schon bei der Taschenlampe der Aufmerksamkeit und dem Flutlicht der Aufmerksamkeit wäre es ein Missverständnis, innere und zwischenmenschliche Einstimmung als etwas voneinander Getrenntes zu betrachten, auch wenn es hilfreich ist, es so darzustellen. Genau wie das Flutlicht der Aufmerksamkeit die Taschenlampe mit einschließt, schließt die zwischenmenschliche Einstimmung auch die innere Einstimmung mit ein; wenn Eltern mit ihren Kindern völlig präsent sind, sind sie nicht nur auf das innere Erleben ihres Kindes eingestimmt, sondern auch auf ihr eigenes. Zwischenmenschliche und innere Einstimmung finden ständig statt, sowohl innerhalb als auch außerhalb familiärer Beziehungen. Wenn Teammitglieder zusammen Basketball spielen, sind sie auf die anderen und auf sich selbst eingestimmt, ebenso Schauspieler, wenn sie einen Sketch improvisieren.

Wenn man Achtsamkeit als „freundliche Aufmerksamkeit für mich, andere Menschen und die Welt" beschreibt, können jüngere Kinder üben, zwischen sich selbst und anderen Menschen zu unterscheiden, selbst wenn sie sich in einem Entwicklungsfenster befinden, das als egozentrisch bezeichnet wird. Auch die folgenden zwei Spiele, *Deine eigene Seifenblase* und *Einen Becher herumreichen*, helfen jüngeren Kindern, zwischen sich selbst und anderen auf eine entwicklungsgerechte Art zu unterscheiden.

Deine eigene Seifenblase

Wir stellen uns vor, dass wir im Inneren einer großen Seifenblase sind, und können uns auf diese Weise bewusst werden, wo sich unser Körper im Verhältnis zu anderen Menschen und Gegenständen befindet.

LEBENSKOMPETENZEN:
Sich konzentrieren, sich kümmern
sich verbinden

ZIELALTER:
Jüngere Kinder

SPIELANLEITUNG

1. *Gesprächsthemen: Könnt ihr mir beschreiben, was eine Blase ist?*
2. Ich werde eine Phantasieblase um meinen Körper machen.
   Markieren Sie Ihre Blase, indem Sie mit dem Zeigefinger einen imaginären Kreis um Ihren Körper herum ziehen. Strecken Sie dann die Hände aus, und erforschen Sie den Rand Ihrer Blase mit den Handflächen, indem Sie sie nach oben, nach unten und im Kreis bewegen. Tun Sie schließlich so, als ob Sie Ihre Blase verzieren, und beschreiben Sie den Kindern, wie Sie sie verzieren.
3. Jetzt werdet ihr eure eigene Blase machen. Könnt ihr mir zeigen, wo sie ist, und sie mir beschreiben?
   Tun Sie so, als ob Sie die Ränder der Blasen der Kinder mit den Handflächen testen.
4. Während wir zusammen andere achtsame Spiele spielen, werde ich euch immer wieder daran erinnern, eure Blase zu testen.

TIPPS

1. Um jüngeren Kindern zu helfen, Selbstkontrolle zu entwickeln, lassen Sie sie ausprobieren, wie nahe sie ihre Handflächen an Ihre Handflächen bringen können, ohne dass sie sich berühren. Bitten Sie die Kinder dann, auszuprobieren, wie nah sie ihre Schultern an Ihre Schultern bringen können, ohne dass sie sich berühren, dann ihre Ellenbogen und Ihre Ellenbogen. Erinnern Sie die Kinder daran, darauf zu achten, dass sie ihre (und Ihre) Phantasieblase nicht zum Platzen bringen.

Wie *Luftballon-Arme, Tick-Tack, Den Reißverschluss hochziehen* und *Deine eigene Seifenblase* ist auch das folgende Spiel mit dem Titel *Einen Becher herumreichen* eine spielerische Möglichkeit für jüngere Kinder, Konzentration und Bewusstsein darüber zu entwickeln, wie ihr Körper sich durch den Raum bewegt. Es regt Teamwork und Koordination an und fördert das Körperbewusstsein der Kinder, da sie mit anderen Menschen (und deren Armen, Beinen, Händen oder Ellenbogen) und Gegenständen (Tische, Stühle, wassergefüllte Becher) umgehen müssen, sowie Bewusstheit über die Qualität ihrer Bewegungen (träge, schnell, flüssig, ruckartig). Zur Vorbereitung füllen Sie einen kleinen, unzerbrechlichen Becher bis knapp unter den Rand mit Wasser.

Einen Becher herumreichen

Wir arbeiten als Team und achten darauf, was um uns herum geschieht, während wir einen mit Wasser gefüllten Becher herumreichen, ohne einen Tropfen zu verschütten. Zuerst geben wir ihn mit geöffneten Augen herum, dann mit geschlossenen Augen.

LEBENSKOMPETENZEN:
Sich konzentrieren, sich kümmern, sich verbinden

ZIELALTER:
Jüngere Kinder

SPIELANLEITUNG

1. Wir werden diesen Becher herumreichen, ohne das Wasser zu verschütten. Auf was müssen wir achten, damit wir das Wasser nicht verschütten? (Den Becher und einander ansehen, mit unseren Händen spüren, unsere Arme langsam bewegen.)
2. Seid ihr bereit? Lasst es uns versuchen.
Helfen Sie den Kindern, schweigend den mit Wasser gefüllten Becher zwei- oder dreimal hin und her (oder im Kreis herum) zu reichen.
3. Lasst uns jetzt versuchen, den Becher mit geschlossenen Augen weiterzureichen. Auf was müssen wir achten, wenn wir nicht sprechen und sehen können? (Das Rascheln von Kleidung, das Gefühl, dass sich unsere Sitznachbarin bewegt, den Becher in unseren Händen spüren.)
Helfen Sie den Kindern, den Becher schweigend und mit geschlossenen Augen herumzureichen.

TIPPS

1. Wenn Sie mit sehr kleinen Kindern spielen, geben Sie ihnen zuerst eine geschlossene Wasserflasche zum Üben. Wenn Kinder dann dafür bereit sind, nehmen Sie einen Becher.
2. Füllen Sie den Becher so voll, dass es eine Herausforderung für die Kinder ist, das Wasser nicht zu verschütten, jedoch nicht so voll, dass es unmöglich wird.
3. Wenn Sie mit einer Gruppe spielen, setzen Sie sich in einen Kreis. Ändern Sie nach der ersten Runde die Richtung, in die Sie den Becher weitergeben.

Bei den folgenden Aktivitäten wenden die Kinder die Lebenskompetenzen und die Themen, die sie durch introspektive Spiele gelernt und erforscht haben, in der Kommunikation mit Freunden und Familienmitgliedern an.

Das Hallo-Spiel

Wir sagen abwechselnd „Hallo" zueinander und nehmen dabei die Augenfarbe der anderen wahr. Auf diese Weise üben wir, uns zu konzentrieren und Blickkontakt aufzunehmen.

LEBENSKOMPETENZEN:
Sich konzentrieren, sich kümmern, sich verbinden

ZIELALTER:
Jedes Alter

SPIELANLEITUNG

1. Wenn wir jemandem in die Augen sehen, können wir starke Gefühle erleben – vielleicht fühlen wir uns schüchtern, verlegen, aufgeregt oder glücklich. Und möglicherweise fühlen wir uns jedes Mal anders.
2. Jetzt lasst es uns zusammen versuchen. Ich sage zu einem von euch „Hallo", und ich sage der Person, welche Augenfarbe sie hat. Dann seid ihr dran. „Hallo, Sarah. Deine Augen sehen braun aus."
3. Jetzt versucht ihr es.
4. Wie hat es sich angefühlt?
5. Lasst es uns noch einmal versuchen.

TIPPS

1. Spielen Sie das *Hallo-Spiel* am Abendbrottisch: „Guten Abend, Amy. Deine Augen sehen hellbraun aus." Oder morgens: „Guten Morgen..."

2. Die Formulierung „Deine Augen *sehen… aus*“, im Gegensatz zu „Deine Augen *sind*“, ist bewusst gewählt. Sie hilft den Kindern, das Beobachten zu üben, ohne zu analysieren oder zu einer Schlussfolgerung zu springen. Zudem kommt es oft vor, dass die Kinder sich über die Augenfarbe uneinig sind; durch die entsprechende Formulierung ist das aber kein Problem.
3. Es ist nicht überraschend, wenn jüngere Kinder zunächst schüchtern sind und sich die Augen zuhalten, insbesondere dann, wenn sie das Spiel mit neuen Freunden oder mit Erwachsenen spielen, die sie nicht gut kennen. Wenn dies geschieht, beschreiben Sie, was Sie sehen: „Hallo, Alex. Deine Augen sind von deinen Händen bedeckt!“

Das *Hallo-Spiel* kann man auf unzählige Weisen abändern, um die Bewusstheit der Kinder, darüber, was in ihnen und um sie herum vor sich geht, zu fördern, und um das Spiel für ältere Kinder interessanter zu machen. Zum Beispiel kann man die Kinder bitten, sich gegenseitig einen freundlichen Wunsch zu senden oder etwas oder jemanden zu nennen, für das oder den sie dankbar sind; dadurch wird es zu einem Ausdruck von Freundlichkeit und Wertschätzung. Wenn die Kinder eine Frage stellen und sich die Antwort des Freundes anhören, ohne eine eigene Absicht zu verfolgen, praktizieren sie außerdem geistige Offenheit und Einstimmung. Hier sind einige zusätzliche Vorgaben, mit denen man beim *Hallo-Spiel* experimentieren kann:

- Nennt eine Sache, die ihr im Augenblick seht, hört, schmeckt, riecht oder berührt.
- Habt ihr einen freundlichen Wunsch für euch selbst? Für eure Freunde? Für die Erde?
- Denkt ihr im Augenblick über die Vergangenheit, die Gegenwart oder die Zukunft nach?

- Vermittelt eure Körpersprache eurem Partner, was ihr im Augenblick denkt und fühlt?
- Werft einen Blick auf die Körpersprache eures Partners und ratet, was er oder sie denkt und fühlt.
- Wenn ihr den Wunsch frei hättet, dass einer eurer Sinne eine Superkraft besäße, welche wäre es? Wie würdet ihr sie verwenden, um der Welt zu helfen?

Bewusstes Zuhören ist schwierig, wenn nicht gar unmöglich, wenn Projektionen oder Vorurteile den Blick der Kinder oder Eltern trüben. Das folgende Spiel mit dem Titel *Offene Ohren, offener Geist* stellt einige bewährte Leitlinien vor, die ältere Kinder, Jugendliche und Eltern beim bewussten Zuhören unterstützen können.

Offene Ohren, offener Geist

Wir verwenden diese Leitlinien, um auf eine hilfreiche und mitfühlende Weise zu sprechen und zuzuhören.

LEBENSKOMPETENZEN:
Sich konzentrieren, sich kümmern, sich verbinden

ZIELALTER:
Ältere Kinder, Jugendliche

LEITLINIEN ZUM ZUHÖREN

1. Wir erinnern uns daran, dass nonverbale Verhaltensweisen (Tonfall, Gesten, Intensität, Gesichtsausdruck) Bände sprechen können und unsere Körpersprache jemandem eine Botschaft vermitteln kann, die wir nicht beabsichtigt haben.

2. Wir hören absichtslos zu.
3. Wir nehmen unsere Vorurteile und inneren Reaktionen auf das Gesagte wahr und versuchen, so gut wir können, nicht an ihnen festzuhalten.
4. Wir erinnern uns daran, dass es normal ist, im Vorhinein still zu proben, was wir gleich sagen wollen, und im Nachhinein darüber nachzudenken, was wir gerade gesagt haben. Trotzdem versuchen wir, beides nicht zu tun, und wir versuchen, so gut wir können, in der Gegenwart zu bleiben.
5. Wir erinnern uns daran, dass Stille ein wichtiger Teil eines Gesprächs ist.
6. Wir erinnern uns daran, dass zu erraten, was jemand anderes gerade erlebt, oder unsere eigenen Erfahrungen damit zu vergleichen, meistens nicht so hilfreich ist, wie Fragen zu stellen.
7. Wir machen eine Pause, wenn wir in unsere eigenen Gedanken abdriften oder das Gespräch unbeabsichtigt auf unsere eigenen Themen lenken. Wir erinnern uns daran, dass der Moment, in dem wir erkennen, dass wir abgelenkt sind oder das Gespräch abgedriftet ist, ein Moment der achtsamen Bewusstheit und damit eine Gelegenheit ist, noch einmal neu anzufangen.

TIPPS

1. „Nichturteilende Bewusstheit" ist ein wichtiges Thema im Achtsamkeitstraining, das manchmal von Kindern und Erwachsenen missverstanden wird. In den Spielen, bei denen es um Beziehungen geht und *sich kümmern* und *sich verbinden* im Vordergrund stehen, wie bei den Spielen in diesem Kapitel, bitten wir Kinder und Eltern, ihre Urteile beiseitezulassen und mit einem offenen Geist und ohne Schlussfolgerungen zu hören, was gesagt wird.

Dies bedeutet aber nicht, dass man in der Achtsamkeitspraxis alle Urteile völlig loslassen soll. Bei Spielen, bei denen das *Sich-Konzentrieren* im Vordergrund steht, lernen Kinder zum Beispiel, dass das Urteilen notwendig ist, um weise zu entscheiden, worauf man die Aufmerksamkeit im Moment richten will, und bei Spielen, bei denen das *Wahrnehmen* im Vordergrund steht, lernen die Kinder, dass das Urteilen notwendig ist, um sich mit Klugheit und Mitgefühl durch die Welt zu bewegen.

Selbst wenn die Kinder die besten Absichten haben, kann es passieren, dass sie die Gefühle eines Freundes verletzen, wenn sie mit etwas herausplatzen, bevor sie darüber nachgedacht haben. Jeder hat wohl schon einmal diesen Fehler gemacht und sich deswegen später schlecht gefühlt. Die Reihe von Fragen im folgenden Spiel soll genau das verhindern, zudem ist es ein Beispiel dafür, wie ich Kindern Unterscheidungsfähigkeit beibringe. Ich habe diese Fragen durch Joanie Martin, die ehemalige Direktorin der Grundschule an der *Crossroads School for Arts & Sciences* in Santa Monica, Kalifornien, kennen gelernt. Zu der Zeit, in der meine eigenen Kinder in dieser Grundschule waren, hatte sie die drei Fragen im Eingangsbereich der Schule aufgehängt, um die Kinder daran zu erinnern, respektvoll miteinander zu sprechen.

Die drei Tore

Wir stellen uns drei Fragen, um herauszufinden, ob das, was wir sagen wollen, hilfreich und freundlich ist: *Ist es wahr? Ist es notwendig? Ist es freundlich?*

LEBENSKOMPETENZEN:
Umdeuten, sich kümmern, sich verbinden

ZIELALTER:
Jedes Alter

GESPRÄCHSANLEITUNG

1. *Gesprächsthemen: Manchmal können wir die Gefühle einer anderen Person verletzen, obwohl wir das gar nicht wollten. Wie können wir wissen, ob das, was wir sagen wollen, respektvoll ist? Was können wir tun, wenn wir versehentlich die Gefühle einer anderen Person verletzt haben?*
2. Diese drei Fragen zu stellen, bevor wir etwas sagen, ist eine Möglichkeit, wie wir vermeiden können, die Gefühle einer anderen Person zu verletzen: *Ist es wahr? Ist es notwendig? Ist es freundlich?*
Nennen Sie ein paar Beispiele im Hinblick darauf, was man sagen könnte, und bitten Sie die Kinder, Ihnen zu helfen herauszufinden, ob es freundlich und respektvoll ist, indem Sie gemeinsam die drei Fragen stellen.
3. *Gesprächsthemen: Wann sollten wir diese Fragen stellen? Habt ihr manchmal das Gefühl, dass das, was ihr sagen wollt, nicht respektvoll sein könnte?*
Erzählen Sie von Ihren persönlichen Erfahrungen, und bitten Sie die Kinder, von den ihren zu erzählen.
4. Versucht, euch das nächste Mal, wenn ihr dieses Gefühl habt, diese drei Fragen zu stellen, und erzählt mir später, was dann passiert ist.

TIPPS

1. Lassen Sie ältere Kinder eine vierte Frage stellen: *Ist es der richtige Zeitpunkt?*
2. Erinnern Sie die Kinder daran, dass sie sich nicht jedes Mal, wenn sie sprechen, diese drei Fragen zu stellen brauchen, sondern nur dann, wenn sie das Gefühl haben, dass das, was sie sagen wollen, vielleicht nicht hilfreich ist.
1. Nutzen Sie *Die drei Tore,* um über hilfreiches Sprechen zu sprechen, und nutzen Sie *Ist es hilfreich?,* um über hilfreiche Handlungen zu sprechen.
1. Die Besprechungen nach Beziehungsspielen wie dem *Hallo-Spiel, Offene Ohren, offener Geist* und *Die drei Tore* sind Gelegenheiten für die Kinder und Jugendlichen, zu vergleichen, wie sie sich fühlen, nachdem sie auf eine warmherzige Weise gesprochen oder gehandelt haben, und wie sie sich fühlen, nachdem sie auf eine Weise, die aggressiv oder rücksichtslos ist, gesprochen oder gehandelt haben. Durch solche Besprechungen und Spiele wie *Freundliche Wünsche, Der Geschmack von Zitronen* und *Geist, Körper, los!* können die Kinder erkennen, wie eng Geist und Körper miteinander verbunden sind.

Das pfiffige Bilderbuch *Das ist kein Karton!* von Antoinette Portis gibt den Kindern die Gelegenheit, über die Themen „Empathie" und „Mitgefühl" nachzudenken. Bevor Sie das Spiel anleiten, notieren Sie sich im Geiste, wie das Buch strukturiert ist: Auf den hellbraunen Seiten stellt eine unbestimmte Erzählerstimme Fragen, die auf den roten Seiten von einem Häschen beantwortet werden.

Das ist kein Karton!

Wir achten ganz genau auf die Worte und die Bilder in dem Buch *Das ist kein Karton!* von Antoinette Portis, um zu verstehen, was die Charaktere denken und wie sie sich fühlen.

LEBENSKOMPETENZEN:
Umdeuten, sich kümmern, sich verbinden

ZIELALTER:
Jüngere Kinder, ältere Kinder

GESPRÄCHSANLEITUNG

1. Lasst uns gemeinsam eine Geschichte lesen.
   Lesen Sie die erste hellbraune Seite vor, in der eine Stimme das Häschen fragt, warum es in einem Karton sitzt.
2. Was glaubt ihr, wer die Frage stellt?
   Hören Sie sich die Antworten der Kinder an, blättern Sie dann auf die rote Seite um und lesen Sie vor: „Das ist kein Karton."
3. Was ist das? Was glaubt ihr, wie sich das Häschen fühlt? Was glaubt ihr, wie die Person, die dem Häschen die Fragen stellt, sich fühlt?
   Hören Sie sich die Antworten der Kinder an, und fahren Sie fort, die Fragen auf den hellbraunen Seiten und die Antworten des Häschens vorzulesen. Stellen Sie bei jeder Seite Fragen wie: „Was ist das für ein Karton? Wie fühlt sich das Häschen? Was wünscht sich das Häschen? Was wünscht sich die Person, die die Fragen stellt? Wie fühlt sich die Person, die die Fragen stellt?"
   Enden Sie mit dem Satz: „Das ist KEIN, KEIN, KEIN Karton."
4. Wie fühlt sich das Häschen? Was wünscht es sich? Was wünscht sich die Person, die die Fragen stellt? Wie fühlen die beiden sich?
   Hören Sie sich die Gedanken der Kinder an, bevor Sie auf die hellbraune Seite blättern und die Antwort des Erwachsenen vorlesen: „Also, was ist es denn dann?"

5. Was ist es?
Hören Sie sich die Antworten der Kinder an, bevor Sie die Seite aufschlagen, auf der keine Worte sind, nur ein Bild vom Häschen, das auf dem Karton sitzt und nachdenkt.
6. Was macht das Häschen?
Nachdem Sie sich die Antworten der Kinder angehört haben, blättern Sie die Seite um und beenden Sie das Buch.
7. *Gesprächsthemen: Könnt ihr eine Geschichte über eine Situation erzählen, in der ihr etwas anders als jemand anderes gesehen habt? Könnt ihr eine Geschichte über eine Situation erzählen, in der jemand euch missverstanden hat? Könnt ihr eine Geschichte über eine Situation erzählen, in der sich ein Missverständnis aufgeklärt hat?*

Die Formulierung „Ich frage mich" ist eine behutsame und wirkungsvolle Möglichkeit, ein Gespräch darüber zu beginnen, wie es möglicherweise sein könnte, an jemand anderes Stelle zu sein. Sagen Sie zum Beispiel zu einem Kind: „Ich frage mich, wie sich dein Freund im Augenblick fühlt", oder sagen Sie zu einem Jugendlichen: „Ich frage mich, ob man das, was passiert ist, noch auf eine andere Art betrachten kann." Vergessen Sie nicht, bei diesen Gesprächen das Entwicklungsstadium der Kinder zu beachten. Weil Kinder im Kindergarten und zu Beginn der Grundschule das, was um sie herum geschieht, noch vor allem aus ihrer eigenen Perspektive betrachten, sind Gespräche mit jüngeren Kinder über *Sich kümmern* am sinnvollsten, wenn sie mit der eigenen Erfahrung des Kindes in Zusammenhang gebracht werden. Ein Beispiel dafür, etwas in den Kontext der eigenen Erfahrung eines Kindes zu stellen, ist die so genannte goldene Regel: „Behandele andere so, wie du von ihnen behandelt werden möchtest."

Selbst wenn die Kinder von ihrer Entwicklung her in der Lage sind, Empathie zu empfinden und auf eine hilfreiche Art auszudrücken, kann es schwierig für sie sein, das zu tun, wenn sie ihre eigenen Gefühle nur schwer steuern können. Intensive schwierige Gefühle werden häufig dadurch ausgelöst, dass die Kinder etwas zu wollen glauben, obwohl sie häufig nicht wissen, was sie wollen. (Erwachsene haben im Übrigen nicht selten das gleiche Problem.) Zum Beispiel kann es sein, dass ältere Kinder und Jugendliche sich von einem Freund etwas Bestimmtes wünschen (etwa eine Einladung zu einem gemeinsamen Vorhaben), obwohl sie sich in Wirklichkeit wünschen, der Freund möge an sie denken und die Verbundenheit sich vertiefen. Je länger die Kinder den starken negativen Gefühlen nachhängen, die damit einhergehen, dass sie nicht bekommen, was sie zu wollen glauben, desto mehr schränkt sich ihre Perspektive ein und desto weniger sind sie in der Lage, zu sehen, was aus der Perspektive der anderen Person geschieht. Infolgedessen wird es wahrscheinlicher, dass das, was sie *nicht* wollen, wirklich eintritt. Durch Spiele, bei denen es um *zur Ruhe kommen, sich konzentrieren, wahrnehmen, umdeuten, sich kümmern* und *sich verbinden* geht, lernen die Kinder zu erkennen, wenn sich ihre Perspektive verengt. Daraufhin können sie etwas an ihrer Perspektive ändern und sehen, was vom Standpunkt einer anderen Person aus geschieht.

Durch diesen weiteren Blick können sie erkennen, dass wir alle gegenseitig voneinander abhängig sind und dass sich alles verändert.

Die Reflexionen zu den Themen „gegenseitige Abhängigkeit“ und „alles verändert sich“ im vorangegangenen Abschnitt zum *Wahrnehmen* dienen als Erinnerungshilfen für ältere Kinder und Jugendliche, dass das, was im Augenblick geschieht, ein Ergebnis des Zusammenspiels unzähliger Faktoren ist. Einige dieser Faktoren sind erkennbar, andere sind es nicht. Insofern können die Kinder zwar nachforschen und alles, was sie erfahren, mit einem offenen Geist betrachten, aber trotzdem noch nicht genügend Informationen haben, um die Situation oder die Ansicht einer anderen Person zu sehen und zu verstehen. Das Buch *Zoom* von Istvan Banyai, das ganz ohne Worte auskommt, veranschaulicht den Kindern, wie leicht man etwas oder jemanden missverstehen kann, wenn man nur einen kleinen Ausschnitt eines größeren Bildes sieht.

Ein freundlicher und geduldiger Beobachter

Wir betrachten die Bilder in dem Buch *Zoom* von Istvan Banyai und sehen, dass wir nur allzu leicht die falschen Schlüsse ziehen, wenn wir nicht genügend Informationen haben.

LEBENSKOMPETENZEN:	ZIELALTER:
Umdeuten, sich kümmern, sich verbinden	Jedes Alter

SPIELANLEITUNG

1. In diesem Buch gibt es keine Worte, nur Bilder. Lasst es uns ansehen.
2. Die erste Seite des Buchs besteht aus einem Bild voller rot-orangener Formen. Sie sind spitz und haben Punkte. Auch in dem Raum, der die Formen umgibt, sind Punkte.
3. Was glaubt ihr, was diese spitzen Formen sind? Was glaubt ihr, was die Punkte um die Formen herum sind?
   Hören Sie sich die Antworten der Kinder an.
4. Seid ihr sicher?
   Blättern Sie um. Die nächste Seite zeigt einen Hahn, im Raum um ihn herum sind Punkte.

5. Es sieht aus wie ein Hahn. Aber die Punkte sind noch da. Was glaubt ihr, was sie sind?
   Hören Sie sich die Antworten der Kinder an.
6. Seid ihr sicher?
   Blättern Sie um. Die nächste Seite zeigt den Hahn, der auf einem Gegenstand steht und von einem Fenster aus von zwei Kindern beobachtet wird.
7. Glaubt ihr, dass die Kinder drinnen oder draußen sind? Was ist mit dem Hahn? Ist er drinnen oder draußen? Die Punkte sind noch immer im Bild – was glaubt ihr, was sie sind?
   Hören Sie sich die Antworten der Kinder an.
8. Seid ihr sicher?
   Blättern Sie weiter um, und stellen Sie Fragen nach diesem Muster, bis deutlich wird, dass bis jetzt alle Bilder – der Hahn, die Kinder und der Bauernhof – Spielsachen sind. Die Punkte sind ohne Erklärung vom Bild verschwunden.
9. Was ist es denn nun? Was ist mit den Punkten passiert?
   Hören Sie sich die Antworten der Kinder an.
10. Seid ihr sicher?
    Blättern Sie weiter durch das Buch, und stellen Sie Fragen nach diesem Muster, bis Sie das Ende erreichen.
11. *Gesprächsthemen: Erzählt eine Geschichte von einer Situation, in der ihr – oder jemand anderes – einen Schluss gezogen habt, ohne viele Informationen zu haben. War eure Schlussfolgerung richtig? Warum, glaubt ihr, war sie richtig oder nicht richtig?*

Das große Bild zu sehen wird noch zusätzlich dadurch erschwert, dass das, was die Kinder und Eltern sehen, denken und hören, dadurch beeinflusst wird, was in ihrem eigenen Leben geschehen ist. Eltern projizieren ihre Hoffnungen, Ängste, Vorurteile und Werte auf die Erfahrungen ihrer Kinder, und die Kinder projizieren ihre Hoffnungen, Ängste, Vorurteile und Werte auf die Erfahrungen ihrer Eltern. Dieses sich stets verändernde Netz von Wahrnehmungen und Projektionen bedeutet, dass niemand je die Erfahrung einer anderen Person in ihrer Ganzheit erkennen oder nachfühlen kann. Aber wenn Eltern und Kinder versuchen, das Geschehen aus der Perspektive der anderen Person und mit einem offenen Geist zu betrachten, können sie dem recht nahe kommen. Diese praktische Interpretation der Themen *geistige Offenheit, gegenseitige Abhängigkeit, Veränderung von allen Dingen* und *Klarheit* führt zu Akzeptanz – ein weiteres Thema, das für eine weise und mitfühlende Lebenshaltung zentral ist. Dass wir nicht jeden Faktor kennen und kontrollieren können, der das Verhalten anderer Menschen prägt, ist noch relativ leicht zu akzeptieren. Zu akzeptieren, dass wir nicht alle Faktoren kennen und kontrollieren können, die unser eigenes Verhalten beeinflussen, ist da meist schon wesentlich schwieriger. Dies gilt für unsere Kinder genauso wie für uns. Es wird immer scheinbar perfekte Eltern geben, die es vermeintlich besser draufhaben als wir. Von außen betrachtet, scheint es, dass sie die perfekten Pausenbrote machen, die perfekten Geburtstagsfeiern planen und die perfekten kulturellen Ausflüge organisieren. Akzeptanz gibt uns den Raum, um einen Schritt zurückzutreten, unsere Vorstellung der idealen Eltern fallen zu lassen und mit geistiger Offenheit das größere Bild zu betrachten. Wenn wir das tun, erkennen wir, dass jeder Mensch begrenzt ist in dem, was er leisten kann, selbst die scheinbar perfekten Eltern – und auch wir. Diese offensichtliche Tatsache des Lebens kann ausgesprochen trügerisch sein, und sie zu akzeptieren ist mitunter schwer. Vielen von uns fällt es leichter, wenn wir uns daran erinnern, dass sich in der eigenen Haut wohlzufühlen ein weitaus besseres Vorbild abgibt, als zu versuchen, sich einer Brezel gleich zu verbiegen, um wie jemand anderes zu sein. Das Motto der ausreichend guten Eltern könnte also durchaus jenes sein, das ich auf dem limettengrünen Notizzettel geschrieben sah, den meine Tochter vor vielen Jahren an den Rand ihres Bücherregals klebte: *esse quam videri* – mehr sein statt scheinen.

13

FREIHEIT

Ein weiser alter Kolibri fährt auf seinem Fahrrad und trifft dabei auf einen jungen Kolibri, der auf dem Rücken liegt und seine Füße in den Himmel streckt. „Was machst du denn da mit den Füßen in der Luft?“, fragt der alte Kolibri.

Der junge antwortet: „Ich habe gehört, dass heute der Himmel herunterfallen wird.“

Der ältere Kolibri kratzt sich nachdenklich am Kopf. „Glaubst du, ein kleiner Vogel mit solch spindeldürren Beinen kann den Himmel vom Fallen abhalten?“

„Na ja, ich könnte schon etwas Hilfe gebrauchen“, sagt der junge. Der weise Kolibri zuckt mit den Schultern, legt sich neben ihn und streckt ebenfalls seine Füße in den Himmel. Sie verbringen die Zeit lachend und scherzend, bis ein riesiger, schlecht gelaunter Elefant sie unterbricht, um ihnen zu sagen, dass sie ihre Zeit verschwenden. Doch die zwei neuen Freunde beachteten ihn nicht.

Ein weiterer Kolibri kommt vorbei und schließt sich den beiden an. Dann erscheint ein vierter, ein fünfter und ein sechster, bis sich bald eine lange Reihe von Kolibris mit spindeldürren Beinen gebildet hat, die ihre kleinen

Füße in den Himmel strecken, lachen, singen und sich Geschichten erzählen.

Als die Nacht anbricht, kommt der Elefant zurück. „Seht ihr, es ist nichts passiert. Das war reine Zeitverschwendung." Aber der erste Vogel sieht es anders: „Es hat funktioniert!", ruft er, springt auf und klopft sich den Staub aus den Federn: „Glückwunsch an alle!"

Sie haben ihr Ziel erreicht, und das neu formierte Kolibriteam erklärt den Tag zu einem großen Erfolg. In kleinen Gruppen fliegen sie zurück zu ihren Nestern und machen Pläne, etwas zu Abend zu essen, ein wenig zu schlafen und sich dann am nächsten Tag wieder zu treffen, um die Welt zu retten.

Glaubt der weise alte Kolibri tatsächlich, dass er dem jungen hilft, die Welt zu retten, oder leistet er ihm Gesellschaft, um nett zu sein? Außer dem alten Vogel selbst wird kaum jemand seine wahre Motivation kennen, doch Freundlichkeit ist für die Gesundheit und das Wohlergehen sowohl des Gebenden als auch des Empfangenden gut. In ihrem Buch *Glücklich sein* erklärt Dr. Sonja Lyubomirsky, Professorin an der University of California, Riverside, dass Freundlichkeit die Gebenden mit anderen Menschen verbindet und die Gebenden infolgedessen positive Qualitäten an den Empfangenden sehen, die sie zuvor nicht gesehen haben. Freundliche Taten inspirieren andere Menschen dazu, ebenfalls freundlich zu sein, und stärken das Selbstbild, weil man sich selbstlos und großzügig fühlt. Taten absichtsloser Freundlichkeit müssen weder anonym noch besonders großartig sein. Die bedeutsamsten sind häufig klein und zielen auf die Lösung eines speziellen Problems ab, wie etwa einem Fremden, dessen Autobatterie leer ist, ein Starthilfekabel zur Verfügung zu stellen oder im Flugzeug einem Mitreisenden zu helfen, eine schwere Tasche in das Gepäckfach zu heben. Seit Jahrhunderten praktizieren Meditierende freundliche Taten im Geheimen, indem sie anderen still Gutes wünschen. Das folgende Spiel ist eine aktive, altersgerechte Adaption dieser traditionellen Freundlichkeitspraxis.

Wünsche für die Welt

Wir tun so, als ob wir eine riesige Kugel machen, die all unsere freundlichen Wünsche für die Welt enthält. Wir werfen die Kugel zusammen hoch in den Himmel und stellen uns vor, dass sie unsere freundlichen Wünsche überallhin trägt, zu allen Menschen.

LEBENSKOMPETENZEN:
Sich konzentrieren, sich kümmern, sich verbinden

ZIELALTER:
Jüngere Kinder, ältere Kinder

SPIELANLEITUNG

1. *Gesprächsthemen: Was bedeutet es, sich etwas vorzustellen? Was sind freundliche Wünsche?*
2. Wir stellen uns vor, dass wir in einer großen, schwebenden Kugel unsere freundlichen Wünsche in die Welt schicken.
3. Wir beginnen damit, uns vorzustellen, dass wir die Kugel gemeinsam halten. Streckt eure Hände aus und helft, die Kugel zu halten.
4. Wie sieht die Kugel aus? Welche Farbe hat sie? Glitzert sie? Hat sie Tupfen oder Streifen? Schließt eure Augen, und versucht, sie euch vorzustellen.
5. Jetzt legen wir abwechselnd unsere freundlichen Wünsche in die Kugel. Wer hat einen freundlichen Wunsch für die Welt?
   Helfen Sie den Kindern, ihre Wünsche zu formulieren und so zu tun, als ob sie sie in die Kugel legen. Erklären Sie, dass die Kugel mit jedem Wunsch größer und schwerer wird.
6. Lasst uns bis drei zählen und die Kugel dann gemeinsam hoch in den Himmel werfen: eins, zwei, drei. Winkt zum Abschied und stellt euch vor, dass die Kugel unsere Wünsche überallhin und zu allen Menschen bringt.

Die Themen und Lebenskompetenzen, die sich durch Achtsamkeit und Meditation entwickeln, geben Orientierung im Hinblick darauf, wie man sich in allen Situationen weise und mitfühlend verhalten kann, unabhängig davon, ob man ein bestimmtes Ziel verfolgen, einen Konflikt lösen oder altruistisch handeln möchte:

- Frage dich zunächst nach deiner Motivation.
- Forsche dann genauer nach.
- Betrachte das größere Bild mit einem offenen Geist.
- Entscheide dich, wie du reagieren willst, dann lasse die Musik spielen.
- Reflektiere anschließend, was geschehen ist, und verarbeite möglichen Ärger oder verletzte Gefühle.

Sich nach der eigenen Motivation fragen

Durch Spiele, bei denen das Thema „gegenseitige Abhängigkeit" erkundet wird, erleben die Kinder, dass bei jeder ihrer Entscheidungen unzählige Faktoren eine Rolle spielen und dass die meisten dieser Faktoren außerhalb ihrer Kontrolle liegen. Motivation hingegen, ein weiteres universelles Thema, gehört zu den Faktoren, die die Kinder kontrollieren können. Wie der Kolibri am Anfang dieses Kapitels, der kleine Junge in *Der Karotten-Samen*, die Lokomotive aus *Die kleine blaue Lokomotive* und der Löwe aus *Der Löwe und der Vogel* können auch die Kinder Freundlichkeit als wichtiger bewerten als mögliche Resultate. Freundlichkeit an die erste Stelle zu setzen bedeutet nicht, die Bedürfnisse anderer Menschen über die eigenen zu stellen; es bedeutet, sowohl an andere Menschen als auch an sich selbst zu denken, wenn man Entscheidungen trifft, spricht und handelt. Freundlichkeit an die erste Stelle zu setzen bedeutet auch nicht, nicht auf die Resultate zu achten. Resultate sind wichtig, und ebenso wichtig ist es, realistisch zu sein und zu akzeptieren, dass einige Dinge außerhalb unserer Kontrolle liegen. Wie die nächsten Verwandten des Menschen, die Schimpansen und die Bonobos, sind auch Menschenkinder dazu veranlagt, ihr Überleben zu sichern, und dadurch werden zwischenmenschliche Konflikte unvermeidlich.

Sogar Taten von uneigennütziger Freundlichkeit werden nicht immer so aufgefasst, wie sie beabsichtigt sind, und auch freundliche Kinder erleiden Verletzungen. Auf Spielplätzen und in Pausenräumen werden gutmütige Kinder oft zur Zielscheibe von Tyrannen, besonders dann, wenn sie als nicht fähig oder nicht willens, sich zu verteidigen, wahrgenommen werden. Die Themen, die bei einer weisen und mitfühlenden Lebenshaltung wesentlich sind, helfen den Kindern und Jugendlichen herauszufinden, was ihnen wichtig ist und wann das Verhalten eines Freundes ihre Grenzen überschreitet. Die Kinder lernen, für die ihnen wichtigen Belange und für sich selbst einzutreten, wenn sie die in diesem Buch besprochenen Lebenskompetenzen – zur Ruhe kommen, sich konzentrieren, wahrnehmen, umdeuten, sich kümmern und sich verbinden – entwickeln.

Genauer nachforschen

Um in einer komplexen Situation klug zu reagieren, ist es sinnvoll, wenn die Kinder zunächst über ihre eigene Rolle sowie die Rollen von allen Beteiligten und schließlich die Rolle des Systems, in dem sich die Situation abspielt, nachdenken. *Die fünf Warums,* ein Spiel, das ich durch den Meditationslehrer und Autor Ken McLeod kennen gelernt habe, gibt älteren Kindern und Jugendlichen einen Rahmen, um diese verschiedenen Rollen zu betrachten. Dieses Spiel kann in Paaren gespielt werden, wobei ein Kind Fragen stellt und das andere Kind sie beantwortet, oder in einer Gruppe, in der die Kinder ihre Antworten aufschreiben. Zum Spielen mit einer Gruppe geben Sie jedem Kind ein Blatt Papier und einen Bleistift.

Die fünf Warums

Wir stellen fünfmal die Frage „Warum?“, damit wir ein Problem besser verstehen und eine Lösung finden können.

LEBENSKOMPETENZEN:	ZIELALTER:
Umdeuten, sich kümmern, sich verbinden	Ältere Kinder, Jugendliche

SPIELANLEITUNG

1. Denkt an eine schwierige Situation, die euch in der Vergangenheit beschäftigt hat.
2. Welche Rolle hattet ihr in dieser Situation? Antwortet in ein oder zwei Sätzen.
   Warten Sie, bis die Kinder ihre Antworten aufgeschrieben oder ihrem Partner mitgeteilt haben.
3. Jetzt macht aus eurer Antwort eine „Warum-Frage“. Wenn eure Antwort zum Beispiel lautet: „Meine Rolle war es, ein Problem zu lösen“, fragt: „Warum war ich für die Lösung des Problems verantwortlich?“ Dann gebt eine kurze Antwort.
   Leiten Sie die Kinder dazu an, Warum-Fragen zu stellen und zu beantworten, solange sie die Fragen hilfreich finden, mindestens aber fünfmal.
   Formulieren Sie die Aufforderungen dann so um, dass die Kinder sich nach den Rollen anderer Menschen und schließlich der Rolle des Systems in der Situation fragen. Das mag zwar nach vielen Fragen klingen, aber es dauert nicht allzu lange, sie zu stellen und zu beantworten.

Das größere Bild mit einem offenen Geist betrachten

Sobald die Kinder verstanden haben, welche Rolle die verschiedenen Menschen in einer Situation hatten, können sie sich, statt auf die Unterschiede, darauf konzentrieren, was alle miteinander gemeinsam haben.

Drei Gemeinsamkeiten

Wenn es eine Meinungsverschiedenheit oder ein Missverständnis gibt oder wenn uns jemand einfach auf die Nerven geht, erkennen wir unsere Gefühle an und denken dann an drei Sachen, die wir gemeinsam haben.

LEBENSKOMPETENZEN:
Umdeuten, sich kümmern, sich verbinden

ZIELALTER:
Jedes Alter

GESPRÄCHSANLEITUNG

1. Denkt an jemanden, mit dem ihr eine Meinungsverschiedenheit hattet oder der euch auf die Nerven geht.
2. Wie fühlt ihr euch in Bezug auf diesen Menschen? Wie denkt oder fühlt ihr in Bezug auf ihn?
3. Ich würde wetten, dass ihr auch etwas gemeinsam habt. Nennt drei Dinge, die ihr gemeinsam habt.

TIPPS

1. Machen Sie die Kinder darauf aufmerksam, dass die Menschen, die wir am meisten lieben, mitunter auch die sein können, die uns am meisten auf die Nerven gehen. Dies kann für Kinder mit Geschwistern ein außerordentlich hilfreicher Perspektivwechsel sein.

2. *Freundliche Wünsche für schwierige Menschen ist ein sinnvolles Begleitspiel zu Drei Gemeinsamkeiten.* Denken Sie daran, dass das Ziel beider Spiele darin besteht, die Kinder zu unterstützen, ihre Perspektive zu erweitern, und nicht darin, ihre Gefühle gegenüber einem Menschen zu ändern, den sie schwierig finden.

Die Spiele *Die fünf Warums, Drei Gemeinsamkeiten* und *Das ist kein Karton!* eignen sich gut dazu, in Gespräche darüber überzuleiten, wie alles voneinander abhängig ist und wie alles sich verändert. Ein Verhalten durch die Brille dieser beiden Themen zu betrachten ist eine gute Erinnerung für ältere Kinder, dass es bei allem – was auch immer geschehen ist, egal, ob es nun gut, schlecht oder neutral war – nicht nur um sie selbst geht und dass es sich verändern wird. Bei den Spielen *Die Welle* und *Einen Händedruck weitergeben* können die Kinder gegenseitige Abhängigkeit ganz direkt erleben.

Die Welle

Wir arbeiten im Team zusammen und koordinieren unsere Bewegungen, um eine Welle zu erzeugen.

LEBENSKOMPETENZEN:
Sich konzentrieren, wahrnehmen, sich verbinden

ZIELALTER:
Jedes Alter

SPIELANLEITUNG

1. Kann jemand beschreiben, was eine Stadionwelle ist? (Wenn Menschen der Reihe nach aufstehen oder die Arme heben, um eine Bewegung zu erzeugen, die aussieht wie eine Welle, die sich durch den Ozean bewegt.)

1. *Helfen Sie den Kindern, eine Reihe oder einen Kreis zu bilden, und zeigen Sie ihnen, in welche Richtung sich die Welle bewegen soll. Suchen Sie dann ein Kind aus, das die Welle in Bewegung setzt.*
2. Duckt euch nach unten, beugt eure Knie und berührt mit den Händen den Boden, so wie ich es mache.
   Demonstrieren Sie die Ausgangsposition und die Bewegung. Erklären Sie dann, dass der zweite Spieler beginnt, wenn die erste Person ihre Hände in der Luft hat, usw.
3. Wenn ich „Los!" sage, beginnt mit der Welle.
4. Lasst uns schneller werden!
5. Lasst uns die Richtung wechseln!
6. Lasst uns langsamer werden!

Bei der *Welle* üben die Kinder, als Team zusammenzuarbeiten, indem sie ihre Bewegungen koordinieren, um ein gemeinsames Ziel zu erreichen. Das Gleiche gilt auch für das Spiel *Einen Händedruck weitergeben*, bei dem die Kinder einen Impuls durch den Kreis schicken, indem sie der Reihe nach die Hand der nebenstehenden Person drücken. Zur Vorbereitung lassen Sie die Kinder sich in einen Kreis setzen und sich an den Händen halten. Suchen Sie dann ein Kind aus, das anfängt.

Einen Händedruck weitergeben

Wir arbeiten als Team zusammen, um unsere Bewegungen zu koordinieren und einen Händedruck einmal durch den ganzen Kreis zu schicken.

LEBENSKOMPETENZEN:
Sich konzentrieren, sich kümmern, sich verbinden

ZIELALTER:
Jedes Alter

SPIELANLEITUNG

1. Wenn ich „Los!“ sage, drückt leicht die Hand der Person, die eure linke Hand hält.
2. Wenn ihr spürt, dass eure rechte Hand gedrückt wird, ist das euer Stichwort, eure linke Hand leicht zu drücken und auf diese Weise den Händedruck an die nächste Person weiterzugeben.
3. Lasst uns schneller werden.
4. Lasst uns die Richtung wechseln.
5. Lasst uns langsamer werden.

Entscheiden, wie man reagieren möchte, und dann die Musik spielen lassen

Die Person, die auf einen Konflikt reagiert, bestimmt seinen Verlauf, und nicht die Person, die ihn anstößt. Wenn ältere Kinder sichergehen wollen, dass ihre Reaktionen weise und mitfühlend sind, können sie sich nochmals ihrer Motivation zuwenden, noch einmal mit einem offenen Geist nachforschen und dann, basierend auf den Informationen, die sie haben, bestmöglich reagieren. Da niemand jeden einzelnen Faktor im grenzenlosen Netz sich ändernder Ursachen und Bedingungen aufdecken kann, ist jede Entscheidung, die die Kinder treffen, ein bisschen wie ein Schuss ins Dunkle. Dadurch brauchen sich die Kinder aber nicht entmutigen lassen. Erinnern Sie sie gegebenenfalls an den Rat des Dalai Lama in seinem Buch *Rückkehr zur Menschlichkeit*, in dem er schreibt, es sei wichtig anzuerkennen, dass wir, egal, wie sehr wir uns auch bemühen, nicht in der Lage seien, das ganze Bild zu sehen, aber dass uns das keine Sorgen bereiten sollte. Stattdessen sollte es unsere Handlungen durch angemessene Bescheidenheit und Vorsicht mäßigen.

Es gibt Situationen, in denen eine weise und mitfühlende Reaktion darin besteht, nichts zu tun, und andere Situationen, in denen eine weise und mitfühlende Reaktion darin besteht, zu handeln. Wenn die klügste Reaktion ist, nichts zu tun, rege ich ältere Kinder dazu an, die Musik spielen zu lassen, und sage ihnen, dass Missverständnisse sich häufig aufklären, wenn wir einer Situation einfach erlauben, sich zu entfalten. Die Themen, die die Kinder in der Achtsamkeits- und Meditationspraxis erforschen, helfen ihnen zu entscheiden, ob sie bei einem Missverständnis besser auf die andere Person zugehen und versuchen sollten, die Verwirrung aufzulösen, oder zurücktreten und es sein lassen sollte, wie es ist. Wenn die weise und mitfühlende Reaktion darin besteht, die Verwirrung aufzuklären, müssen die Kinder manchmal für das eintreten, an was sie glauben. Die hier besprochenen Lebenskompetenzen – *zur Ruhe kommen, sich konzentrieren, wahrnehmen, umdeuten, sich kümmern und sich verbinden* – ermöglichen ihnen, dies mit der inneren Ruhe eines japanischen Teemeisters zu tun, wie in dieser alten Geschichte:

Ein hochrangiger Samurai ist von der ruhigen Konzentration seines Teemeisters so beeindruckt, dass er ihm die Gewänder und den Rang eines Samurai verleiht. Später trifft der Teemeister einen Samurai-Krieger, der zu Besuch ist und der ihn, nachdem er ihn von oben bis unten gemustert hat, fragt, warum er die Robe trägt. Der Teemeister erklärt es ihm, aber der Krieger akzeptiert seine Erklärung nicht: „Wenn du die Robe eines Samurai trägst, musst du auch kämpfen wie ein Samurai." Er fordert den Teemeister zu einem Duell am nächsten Morgen heraus.

Der Teemeister ist entschlossen, seine eigene Ehre und die des Samurai, der ihm die Robe gab, zu verteidigen. Er sucht sich einen Fechtmeister und bittet ihn, zitternd vor Furcht, ihm das Kämpfen beizubringen. Der Fechtmeister ist einverstanden, ihn zu unterrichten, vorausgesetzt der Teemeister führt eine letzte Zeremonie durch. In Vorbereitung auf das Ritual konzentriert der Teemeister sich ruhig auf die feinen Schalen, Kannen und Teeblätter, und seine Angst fällt von ihm ab. Der Fechtmeister trinkt eine Tasse Tee und gibt ihm dann einen Rat: „Gehe so in das Duell, als ob du dich für eine Teezeremonie vorbereiten würdest, und du wirst bereit sein zum Kampf."

Der Teemeister bereitet sich für das Duell mit der ruhigen Konzentration vor, mit der er auch eine Teezeremonie vorbereitet, und wieder fällt seine Angst von ihm ab. Er zieht sein Schwert und hält es hoch über den Kopf. Daraufhin verbeugt sich sein Gegner vor dem Teemeister und erkennt ihn schließlich als Samurai an.

Das Geschehene reflektieren und Ärger oder verletzte Gefühle verarbeiten

Der Teemeister ließ die Musik spielen, das Missverständnis klärte sich auf und die Geschichte fand ein glückliches Ende. Leider ist das nicht immer der Fall. Selbst wenn die Kinder alles richtig machen, können sie trotzdem Verletzungen davontragen, was uns zu Dr. Seuss' Version der ersten Einsicht der Achtsamkeit zurückbringt: „I'm sorry to say so / but sadly, it's true / that Bang-ups and Hang-ups / *can* happen to you."* Zur Verarbeitung schmerzlicher Erfahrungen ist es wichtig, dass die Kinder lernen, sie anzuerkennen und schließlich gehen zu lassen. Im folgenden Spiel lassen die Kinder Missverständnisse, Ärger und andere schmerzliche Gefühle los, indem sie sich vorstellen, ihre Höhenflüge und Durchhänger befänden sich im Inneren von rosa Blasen und schwebten davon. Der stärkste Moment in diesem Spiel ist meistens der, in dem die Kinder ihrem Ärger und ihrem alten Schmerz zum Abschied winken und ihnen alles Gute wünschen.

---

* Auf Deutsch sinngemäß: „Es tut mir leid, es zu sagen /, aber traurigerweise ist es wahr /, Höhenflüge und Durchhänger / können Dir nun einmal passieren.", Anm. d. Übers.

Rosa Blasen

Wir stellen uns vor, dass eine Enttäuschung oder ein anderes unangenehmes Gefühl sich im Inneren einer rosa Blase befindet. Während es davonschwebt, winken wir zum Abschied und wünschen ihm alles Gute.

LEBENSKOMPETENZEN:
Sich konzentrieren, zur Ruhe kommen, sich kümmern

ZIELALTER:
Jedes Alter

SPIELANLEITUNG

1. Setzt euch mit geradem Rücken und entspanntem Körper hin und lasst eure Hände sanft auf den Knien ruhen. Schließt eure Augen und lasst uns gemeinsam einige Atemzüge nehmen.
2. Denkt an eine Enttäuschung oder ein störendes Gefühl und legt es in eurer Vorstellung in eine rosa Blase hinein.
3. Beobachtet in eurem Geist, wie die leichte, luftige, rosa Blase davonschwebt und stellt euch vor, dass das, was auch immer euch stört, mit ihr davonschwebt.
4. Winkt zum Abschied und wünscht dem Gefühl alles Gute.
5. *Gesprächsthemen: Welche Art von Dingen stört euch? Wie hat es sich angefühlt, etwas loszulassen, das euch gestört hat? Wie hat es sich angefühlt, dem Gefühl alles Gute zu wünschen? Gibt es noch etwas, das ihr loslassen und dem ihr alles Gute wünschen möchtet?*

Wenn die Kinder ärgerlich und aufgebracht sind, sind sie manchmal völlig von ihren eigenen Sorgen vereinnahmt. Dann verengt sich ihre Perspektive und es fällt ihnen schwer, die Situation aus der Sicht einer anderen Person zu betrachten. Die Kinder können daran etwas ändern, indem sie sich aus der Situation zurückziehen und sie im größeren Kontext der Themen betrachten, die in diesem Buch besprochen wurden. Mehr innerer Raum erlaubt ihnen, mit einem offenen Geist darüber nachzudenken, was gerade passiert, und sich zu fragen, ob die Person, die ihre Gefühle verletzt hat, ebenfalls verletzt ist. Schließlich möchte er oder sie glücklich und sicher sein, genauso wie sie selbst. Reflexionen wie diese machen es den Kindern leichter, Empathie und Mitgefühl für andere und sich selbst zu empfinden. Von diesem Standpunkt aus haben die Kinder mehr Klarheit und können sehen, dass alles, was auch immer geschieht, sich verändert, in wechselseitiger Abhängigkeit steht und das Ergebnis von unzähligen Ursachen und Bedingungen ist (Ursache und Wirkung). Mit dieser ausgeglicheneren Sicht fällt es ihnen leichter, zu akzeptieren, dass jedem etwas Schlechtes passieren kann, und wertzuschätzen, dass auch gute Dinge passieren. Dadurch kann eine Rückkopplungsschleife der Wertschätzung in Gang kommen: Je dankbarer die Kinder sind, desto glücklicher sind sie, und je glücklicher die Kinder sind, desto dankbarer sind sie.

Das nächste Spiel regt die Kinder dazu an, sich zurückzuziehen und ihre Schwierigkeiten aus dieser weiträumigeren Perspektive zu betrachten. Die Kinder rollen einen kleinen Ball hin und her und nennen dabei Dinge, die sie stören, und Dinge, die sie froh machen. Das Spiel kann mit einem Partner gespielt werden oder in einer Gruppe, die im Kreis sitzt.

Ich bin trotzdem froh

Während wir einen Ball hin und her rollen, sprechen wir Dinge aus, die uns stören, und Dinge, die uns froh machen.

LEBENSKOMPETENZEN:
Wahrnehmen, umdeuten

ZIELALTER:
Jedes Alter

SPIELANLEITUNG

1. Wir rollen uns gegenseitig diesen Ball zu, und wenn ihr an der Reihe seid, nennt eine Sache, die euch stört. Dann rollt den Ball weiter und sagt etwas Gutes über die gleiche Sache.
2. Ich fange an. „Ich muss heute Abend lernen, anstatt zum Spiel zu gehen."
   Rollen Sie den Ball zu einem anderen Kind und sagen Sie: „Ich bin trotzdem froh über all die anderen Male, die ich zum Spiel gehen konnte."
3. Jetzt sagt ihr etwas und rollt den Ball zurück. (Zum Beispiel: „Meine kleine Schwester hat mich heute genervt. Ich bin trotzdem froh, eine Schwester zu haben.")
   Leiten Sie die Kinder dazu an, im Verlauf des Spiels schneller zu werden.

Bei Höhenflügen, Durchhängern, Missverständnissen und verletzten Gefühlen ermutigen die Themen, die eine weise und eine mitfühlende Lebenshaltung ausmachen, die Kinder dazu, tiefer zu schauen und sich an ihre Motivation zu erinnern. Dzogchen Ponlop Rinpoche, ein Meditationslehrer, der dafür bekannt ist, dem Westen alte östliche Weisheiten zugänglich zu machen, erklärt in seinem Buch *Rebell Buddha (Rebel Buddha)*, wie dies zu einem wahren Test dafür wird, wie ernst es uns ist und wie weit wir zu gehen bereit sind. Können wir an unserer altruistischen Motivation festhalten, wenn wir von jemandem angegriffen werden, dem wir eigentlich hatten helfen wollen? Wenn wir uns verletzbar und den Urteilen anderer ausgesetzt fühlen, gehen wir dann zu einer Strategie der Präventivschläge über? Es sei nicht der eine große Kampf, dem wir uns stellen müssten, der alles entscheidet; es seien die einfachsten und alltäglichsten Begegnungen in unserem täglichen Leben, die unseren Mut und unsere Bereitwilligkeit, unser Herz furchtlos zu öffnen, auf die Probe stellten. Manchmal hätten wir Erfolg, und manchmal scheiterten wir, aber solange wir zu unserer ursprünglichen Absicht zurückkämen, sei das die Essenz transzendenter Praxis. Diese transzendente Praxis wird seit Jahrhunderten als Weg in die Freiheit weitergegeben.

Freiheit ist nichts Spektakuläres. Meistens sieht Freiheit aus wie die ruhige Beständigkeit, die der Löwe, der alte Kolibri, die kleine blaue Lokomotive und der kleine Junge, der einen Karotten-Samen pflanzte, uns vorleben. In seiner Rede bei einer Abschlussfeier des Kenyon College, in der David Foster-Wallace die Geschichte von dem Fisch erzählte (die ich in Abschnitt zwei wiedergegeben habe), sagte er außerdem zu den Absolventen: „Es gibt alle möglichen Arten von Freiheit, und von der Art, die am kostbarsten ist, wird nicht viel gesprochen in der großen Welt da draußen, in der alles sich ums Gewinnen, Erreichen und Vorzeigen dreht. Die wirklich wichtige Art von Freiheit schließt Aufmerksamkeit, Bewusstheit, Disziplin und Bemühung mit ein – und auch die Fähigkeit, sich für andere Menschen zu interessieren und etwas für sie zu opfern, immer wieder, auf unzählige unscheinbare Weisen, jeden Tag." Der Weg zur Freiheit durch Achtsamkeit und Meditation erfordert Aufmerksamkeit, Bewusstheit, Disziplin, Bemühung und Opfer, wie Wallace in seiner Abschlussrede sagt, sowie die anderen Themen, über die wir in diesem Buch nachgedacht haben. Ich würde sagen, dass es bei diesem Weg keineswegs ums „Gewinnen, Erreichen und Vorzeigen" geht, und so manches Mal hat er mich aufgerieben. Er ist aber auch immer wieder beglückend. Und er hat mir ein Ausmaß an emotionaler Freiheit geschenkt, das ich nicht für möglich gehalten hätte, indem er mich gelehrt hat, dass das Mysterium und die Freude in jedem Atemzug, in jedem Schritt und in jedem Moment darauf warten, entdeckt zu werden. Dafür werde ich auf ewig dankbar sein.

ABSCHLIESSENDE GEDANKEN

Es mag einem so vorkommen, als ob dieses Buch eine überwältigende Menge an Informationen enthält, besonders dann, wenn man sich erst seit Kurzem mit Achtsamkeit und Meditation beschäftigt. Aus diesem Grund möchte ich Ihnen zum Schluss noch eine kurze Liste von Tipps sowie einige Antworten auf häufig gestellte Fragen mitgeben. Bevor ich jedoch zu den Tipps und Fragen komme, möchte ich innehalten und einen Vorschlag machen: Denken Sie daran, wie kraftvoll Geschichten sind, wenn Sie Achtsamkeit und Meditation mit Kindern und Familien praktizieren, insbesondere zur Vermittlung von Ideen, die sich nur schwer in Worte fassen lassen. Wenn Sie es nicht gewohnt sind, Geschichten zu erzählen, ist das Bücherregal Ihres Kindes ein guter Ort. Besonders geeignet sind Bilderbücher, die die universellen Themen behandeln, über die wir im Kontext von achtsamen Spielen reflektiert haben.

(Eine Tabelle der Themen finden Sie am Ende des Buches.) Wenn Sie erst einmal mit ihnen vertraut sind, werden Sie anfangen, universelle Themen in den alltäglichen Fragen, die Sie herausfordern, zu sehen, sowie auch in den Mysterien des Lebens, die nur schwer zu verstehen sind. Die Herausforderungen und Mysterien werden dann zum Futter für Ihre eigenen Geschichten, und ein Ausflug zum Supermarkt, das Abholen Ihrer Kinder von der Schule und die Klärung eines Missverständnisses zwischen müden und überdrehten Geschwistern zu ergiebigen Lektionen in Achtsamkeit. Geschichten, die auf Erlebnissen mit Ihrer Familie beruhen, sind besonders kraftvoll, weil sie eine Unmittelbarkeit und Echtheit haben, die unvergleichlich sind. Und das Beste daran? Jeder Tag ist voll davon!

Tipps für die Anleitung von achtsamen Spielen

- Suchen Sie einen relativ ruhigen Ort, an dem Sie sich mit den Kindern bequem hinsetzen oder hinlegen können, ohne gestört zu werden.
- Bevor Sie ein Spiel anleiten, machen Sie sich einen Eindruck davon, indem Sie die einzelnen Schritte durchgehen.
- Verwenden Sie Ihre normale Sprechstimme und Ihre eigenen Worte, wenn Sie ein Spiel anleiten.
- Einige Kinder sind so fest entschlossen, sich zu konzentrieren, dass sie ihre Muskeln anspannen, während sie meditieren. Andere sind so entspannt, dass sie sich zusammenrollen und einschlafen. Erinnern Sie die Kinder gelegentlich daran, ihren Rücken gerade und ihren Körper entspannt zu halten.
- Sagen Sie den Kindern, dass es keine richtigen oder falschen Gefühle gibt.
- Manchmal ist es den Kindern unangenehm, ihre Augen zu schließen, auch wenn das Spiel, das sie gerade spielen, mit geschlossenen Augen einfacher ist. Bestehen Sie nicht darauf, dass sie ihre Augen schließen.

Es ist aber hilfreich, die Kinder daran zu erinnern, dass Sie Ihre Augen offen halten und den Raum im Blick behalten werden.

- Die Kinder reagieren unterschiedlich auf die Spiele, und ein Spiel, das dem einen Kind leichtfällt, kann für ein anderes schwierig sein. Es gibt keinen Grund, ein Kind zu einem Spiel zu zwingen, wenn es ihm unangenehm ist. Gehen Sie einfach zu einem anderen Spiel über, bei dem ähnliche Lebenskompetenzen und Themen erforscht werden.
- Alle Spiele umfassen achtsamkeitsbasierte Strategien, die für alle nützlich sind, unabhängig vom Alter. Seien Sie nicht überrascht, wenn ältere Kinder und Jugendliche sich zu Aktivitäten hingezogen fühlen, die für jüngere Kinder gedacht sind, und jüngere Kinder Spaß an Spielen haben, die scheinbar zu kompliziert für sie sind.

Häufig gestellte Fragen: Achtsamkeit und Meditation

Können Sie Achtsamkeit in ein paar Sätzen beschreiben?
Die bekannteste Kurzdefinition von Achtsamkeit stammt aus der achtsamkeitsbasierten Stressbewältigung von Jon Kabat-Zinn: Absichtsvoll, im gegenwärtigen Moment und ohne zu urteilen aufmerksam sein.

Wie können die Kinder auf ihre Gedanken und Gefühle achten, ohne darüber zu urteilen?
Wenn die Kinder wahrnehmen, wie sie sich fühlen, hoffen wir, dass sie mit einer inneren Stimme zu sich sprechen, die in etwa so klingt: „Gerade jetzt ist es wirklich schwer, still zu sitzen, und das ist okay. Jedem geht es manchmal so. Ich kann hier sitzen und meinen Körper und all die Energie fühlen, die ich habe – meine Atmung, die sich schnell bewegt, mein Herz, das schnell schlägt –, ich kann einen Atemzug nehmen, auf die Geräusche hören und mir bewusst werden, wie ich mich fühle, und alles ist okay."

Was ist der Unterschied zwischen Achtsamkeit und Meditation?
In den historischen Sprachen Sanskrit und Pali wird der Begriff *Achtsamkeit* definiert als „sich erinnern“, so wie wir uns an das Objekt unserer Aufmerksamkeit erinnern. Der Begriff *Meditation* wird in den kontemplativen Traditionen auf unterschiedliche Arten definiert, doch in der tibetischen Sprache bedeutet das Wort für Meditation „sich vertraut machen“, so wie wir uns mit der Aktivität in unserem Geist vertraut machen. Eine prägnante Unterscheidung zwischen beidem könnte lauten: *Meditation* ist eine Methode, durch die wir uns mit unserem Geist vertraut machen, indem wir direkt mit ihm arbeiten, und *Achtsamkeit* bedeutet, zu wissen, wo und in welchem Zustand unser Geist im gegenwärtigen Augenblick ist.

Kann Achtsamkeit den Kindern helfen, sich zu beruhigen?
Wir möchten, dass die Kinder wahrnehmen, wie sie sich im Augenblick fühlen, und nicht, dass sie etwas daran ändern, wie sie sich fühlen. Wenn man es auf diese Weise angeht, hilft Achtsamkeit den Kindern oft, sich ruhiger und entspannter zu fühlen, aber nicht immer.

Was ist der Unterschied zwischen „die Atmung spüren“ und „die Atmung wahrnehmen“?
Die Kinder anzuregen, ihre Atmung zu spüren (anstatt sie wahrzunehmen), ist eine Möglichkeit, ein achtsames Spiel vom Denken abzulenken und mehr an den Sinneserfahrungen zu orientieren.

Häufig gestellte Fragen: Wie man anfangen kann, mit Kindern achtsame Spiele zu spielen

Wie fange ich an?
Zu Anfang eignen sich insbesondere kinderfreundliche Versionen der Achtsamkeitspraktiken, die Sie selbst gerne machen und hilfreich finden. Wenn achtsames Hören bei Ihnen auf Resonanz stößt, fangen Sie damit an, für die Kinder Spiele anzuleiten, in denen es um achtsames Hören geht, wie *Ein verklingender Ton* oder *Was habe ich da gehört?*.

Ich habe nicht viel Zeit und Meditation ist für mich selbst noch neu. Wie fange ich an?
Verwenden Sie die Zeit, die Sie haben, auf Ihre eigene Achtsamkeits- und Meditationspraxis. Beginnen Sie mit kurzen und häufigen bewussten Momenten – wie *Ich mache eine Pause und spüre meine Atmung* und *Ausruhen und wahrnehmen* –, in denen Sie Ihre Erfahrungen mit der Absicht betrachten, sie zu verstehen, und nicht sie zu beurteilen oder zu verändern. Kurze und häufige bewusste Momente wie diese können relativ schnell bedeutsame Veränderungen in Ihrem Verhalten und Denken bewirken. Diese Veränderungen machen es einfacher, achtsame Spiele anzuleiten und die Themen und Lebenskompetenzen zu verstehen, die sich durch sie hindurchziehen.

Ich habe ein wenig Erfahrung mit Achtsamkeit und Meditation, aber nicht viel. Wie fange ich an?
Kinder haben eine geradezu unheimliche Fähigkeit aufzuspüren, was echt ist, und vom Tisch zu fegen, was unecht ist. Es wird aber alles gut gehen, wenn Sie das lehren, was für Sie echt ist. Wenn zum Beispiel innezuhalten und Ihre Atmung zu spüren Ihnen helfen, ihren Geist und ihr Herz zu beruhigen, teilen Sie diese Strategie mit den Kindern. Wenn die Verschiebung Ihrer Aufmerksamkeit auf eine Sinneserfahrung im gegenwärtigen Moment Ihnen hilft, Ihre Sorgen und Ängste zu besänftigen, teilen Sie diese Strategie mit den Kindern.

Häufig gestellte Fragen: Achtsame Spiele anleiten

Wie lange und wie oft ist genug?
Kinder müssen Achtsamkeit nicht für lange Zeit praktizieren, damit sie hilfreich ist; sie müssen nur dranbleiben. Integrieren Sie häufige kurze bewusste Momente ins Alltagsleben, und vergessen Sie nicht, dass Wiederholung wichtig ist.

Sollten die Kinder jeden Tag meditieren?
Es ist phantastisch, wenn die Kinder die formale Sitzmeditation täglich praktizieren. Regen Sie die Kinder an, es auf einen Versuch ankommen zu lassen, aber bestehen Sie niemals darauf, dass sie meditieren.

Wie kann ich den Kindern helfen, Achtsamkeit in ihr Alltagsleben zu integrieren?
Unterbrechen Sie die Routine der Kinder häufig, um für einen kurzen bewussten Moment innezuhalten. Bitten Sie das Kind zum Beispiel wahrzunehmen, wie sich die Türklinke in seiner Hand anfühlt, wenn es die Tür öffnet oder seine Socken in Zeitlupe anzuziehen. Anstatt laut zu werden: „Pass auf, wohin du gehst!", wenn ein Kind gegen eine Person oder einen Gegenstand stößt, bitten Sie es, „eine kurze Pause zu machen und die Atmung zu spüren" oder sich „langsam wie ein Faultier zu bewegen."

Wie kann ich die Kinder dazu bringen, über Achtsamkeit und Meditation zu sprechen?
Es ist hilfreich, sich nach einem achtsamen Spiel bei den Kindern zu erkundigen, wie es ihnen geht, so dass sie Ihnen etwas über ihre Erfahrung erzählen können. Als Faustregel gilt: Verlieren Sie so wenig Worte wie möglich zwischen dem Spiel und der Gelegenheit für die Kinder, zu beschreiben, wie sie sich fühlen.

Was sind Gesprächsthemen?
Die Anleitungen für viele Spiele enthalten Gesprächsthemen. Sie sind dazu da, ein Gespräch über die Themen und Lebenskompetenzen in Schwung zu bringen, die die Kinder erforschen, wenn sie die Spiele spielen. Auch thematisierten sie, wie jene Themen und Lebenskompetenzen den Kindern im Alltag hilfreich sein können. Sie müssen nicht alle Themen besprechen, die in den Anleitungen aufgeführt sind, außerdem können Sie die vorgeschlagenen Themen durch andere ersetzen.

Häufig gestellte Fragen: Mit Hindernissen umgehen

Was kann ich tun, damit die Kinder sich auf Achtsamkeit einlassen?

Laden Sie jüngere Kinder dazu ein, selbst aktivere achtsame Spiele anzuleiten, zum Beispiel *Den Reißverschluss hochziehen, Ganz, ganz langsam* und *Luftballon-Arme*. Abgesehen davon, dass es ihnen hilft, sich einzulassen, kann das Anleiten eines Spiels die Kinder auch darin unterstützen, Selbstvertrauen zu entwickeln. Und wenn sie mit anderen Kindern spielen, gibt das Anleiten den Kindern eine Möglichkeit, das Sprechen vor einer Gruppe zu üben.

Regen Sie ältere Kinder und Jugendliche dazu an, häufig kurze bewusste Augenblicke zu praktizieren – mit Spielen wie *Hallo Füße, wie geht es euch?*, *Achtsam warten* und *Bissen für Bissen*.

Was sage ich zu Kindern, die frustriert sind und für die Achtsamkeit „nicht funktioniert"?

Es ist oft hilfreich, den Kindern Geschichten über Ihre eigenen Herausforderungen im Hinblick auf Achtsamkeit und Meditation zu erzählen, die wir ja alle erlebt haben. Sprechen Sie aber nur von einfachen, relativ kleinen Herausforderungen, und vermeiden Sie es, den Kindern von größeren, ernsteren Problemen zu erzählen. Dies ist ein wichtiger Punkt, weil wir den Kindern nicht unbeabsichtigt vermitteln möchten, dass sie sich um uns kümmern sollen, statt umgekehrt.

Was, wenn Kinder stören?

Wenn es Kindern schwerfällt, ihren Körper und/oder ihre Stimme zu kontrollieren, bitten Sie sie, eine Pause zu machen, bis sie in der Lage sind, sich respektvoll zu verhalten und zu sprechen. Sagen Sie ihnen, dass sie gerne wieder teilnehmen können, wenn sie so weit sind. Einige Spiele und Aktivitäten, besonders jene, die Konzentration erfordern, können frustrierend sein, und es ist klar, dass die Kinder von Zeit zu Zeit eine Pause brauchen.

Was, wenn ein Kind ein heikles Thema zu einer unpassenden Zeit oder an einem ungeeigneten Ort anspricht?
Erkennen Sie das Anliegen des Kindes an, wechseln Sie dann den Tonfall und das Thema des Gespräches. Sprechen Sie das Thema auf jeden Fall später noch einmal unter vier Augen mit dem Kind an.

DANKSAGUNG

Meine tiefe Wertschätzung gilt Annaka Harris, deren Rolle bei der Arbeit an diesem Buch und dem dazugehörigen Kartenset weit über die einer Herausgeberin hinausging. Gemeinsam mit ihr möchte ich unserer Agentin Amy Rennert dafür danken, dass sie dieses Projekt bis zur Veröffentlichung geführt hat; Cortland Dahl, Sue Smalley, Sam Harris, Anna McDonnell und Seth Greenland für das Lesen und Kommentieren der ersten Entwürfe; Mark Greenberg, Joseph Goldstein, Surya Das, Trudy Goodman, Carolyn Gimian, Jim Gimian, Barry Boyce, Steve Hickman, Mark Brittan und Tandy Parks für die Beantwortung unserer Fragen und die Besprechung unserer Ideen mit uns; und Diana Winston, Martin Matzinger und Mira Matzinger dafür, dass sie uns das Spiel ihrer Tochter Mira zur Verfügung stellen. *Achtsame Spiele* ist um so vieles reicher und auch besser aufgrund der weisen und einsichtsreichen Beiträge dieser lieben Kollegen und Freunde.

Danke an Lindsay DuPont für ihre verspielten Zeichnungen und an Suzi Tortora für ihre Hilfe dabei, Bewegung in einige der Spiele einzuflechten, insbesondere in die für jüngere Kinder.

Beth Frankl und dem Team von Shambhala Publications danken wir für die Hilfe dabei, ein möglichst breites Publikum für dieses Buch im Blick zu halten, sowie für ihre Geduld und Ermutigung.

Dieses Buch ist eine Synthese von über achthundert Seiten aus Manualen, die ich im Laufe fast eines Jahrzehnts entwickelt habe, in dem ich für Eltern, Lehrer und Behandler Trainings in säkularer Achtsamkeit für Kinder und Familien geleitet habe. Während dieses Prozesses haben mir mehr Menschen ihre Unterstützung angeboten, als ich hier aufzählen kann, doch gibt es ein paar, die ich dennoch nennen möchte:

Die außergewöhnlichen Meditationslehrer, die liebenswürdigerweise bereit waren, als Berater für das *Inner Kids Professional Training* zur Verfügung zu stehen – Jack Kornfield, Sharon Salzberg, Surya Das, B. Alan Wallace, Gay MacDonald, Trudy Goodman und Diana Winston. Ich schätze eure Unterstützung dieser Arbeit sehr und fühle mich zutiefst geehrt.

Meine wunderbaren Mitstreiter in den verschiedenen *Inner-Kids*-Trainings – Daniela Labra, Ryan Redman, Daniel Rechtschaffen und Tandy Parks. Danke für eure Freundschaft, euren Humor und euer Commitment zur Praxis.

Danke an Michelle Limantour, Nick Seaver, Lisa Henson, Sue Smalley, Charlie Stanford, Shelly Sowell, Jenny Manriguez, Deb Walsh, Mary Sweet und Melissa Baker für die Hilfe während der formgebenden Phasen der Entwicklung des *Inner-Kids*-Programms.

Jenen, die am *Inner-Kids*-Training teilgenommen haben und die diese Arbeit jetzt weiterführen und sie zu ihrer eigenen machen, einen aufrichtigen Dank für euren Einsatz, Achtsamkeit mit Kindern, Jugendlichen und Familien zu teilen.

Zuletzt möchte ich meine Wertschätzung für all meine Lehrer ausdrücken, für ihre Herzlichkeit, Fürsorge und Anleitung, und dabei einen besonderen Dank an zwei bemerkenswerte Brüder aussprechen, deren Lehren mich auf Weisen inspiriert haben, die nur schwer in Worte zu fassen und doch über alle Maßen bedeutsam sind – Tsoknyi Rinpoche und Yongey Mingyur Rinpoche.

ANHANG

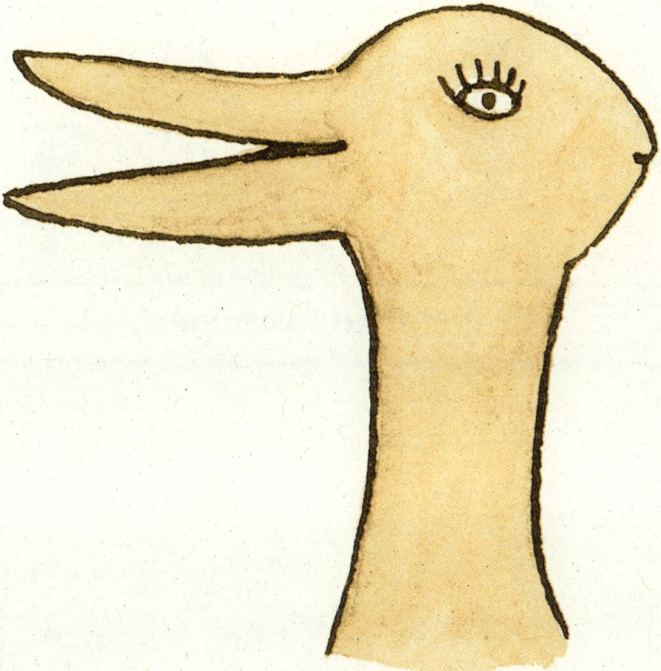

Bewusstheitsanzeiger

Bewusstheitsanzeiger

TABELLE DER THEMEN

In der folgenden Thementabelle habe ich in jeder Beschreibung die Formulierung „Ich erinnere mich daran“ verwendet, und zwar als Verweis darauf, dass Achtsamkeit viel mit Erinnerung zu tun hat. Die Kinder an die Themen wie Akzeptanz, Wertschätzung oder Aufmerksamkeit zu *erinnern* fühlt sich mehr im Einklang mit der Praxis der Achtsamkeit und Meditation an, als ihnen zu sagen, dass sie auf eine bestimmte Art sprechen und handeln sollen.

Akzeptanz Ich erinnere mich daran, dass ich nicht jede Ursache oder Bedingung kennen oder kontrollieren kann, die diesen Moment hervorbringt. Meine Motivation hingegen gehört zu den Dingen, die ich kontrollieren kann, und ich kann mein Bestes tun, um auf eine weise und mitfühlende Art zu sprechen und zu handeln.	**Wertschätzung** Wenn ich mich daran erinnere, meine Beziehungen, meine Gesundheit, meine guten Erfahrungen, meine Besitztümer und die Natur wertzuschätzen, erinnere ich mich auch daran, dass diese Wertschätzung zugleich Ursache und Wirkung davon ist, glücklich zu sein.
Aufmerksamkeit (das Flutlicht) Ich erinnere mich daran, dass ich mich dabei zurückhalten kann, auf das zu reagieren, was in mir und um mich herum geschieht, damit ich es mit einem offenen Geist beobachten kann.	**Aufmerksamkeit (die Taschenlampe)** Ich erinnere mich daran, dass ich mich entscheiden kann, worauf ich meine Aufmerksamkeit richte, und dass ich sie dort halten kann.

Einstimmung	Ursache und Wirkung
Ich erinnere mich daran, dass ich sehen, hören, spüren, interpretieren und darauf reagieren kann, was andere Menschen sagen und tun, so dass ich sie sehen und verstehen kann und sie sich gesehen und verstanden fühlen.	Ich erinnere mich daran, dass das, was ich tue und sage, eine Wirkung auf andere Menschen und die Erde hat und dass das, was andere Menschen sagen und tun, eine Wirkung auf die Erde und mich hat.
Klarheit	**Mitgefühl**
Um klar zu sehen, was in mir und um mich herum geschieht, erinnere ich mich daran, einen Schritt zurückzutreten und das größere Bild mit einem offenen Geist und ohne schnelle Schlussfolgerungen zu betrachten.	Ich erinnere mich daran, dass ich die Fähigkeit habe, zu verstehen, wie etwas aus der Perspektive einer anderen Person aussieht und sich anfühlt, und auf ihn oder sie weise und freundlich zu reagieren.
Weises Selbstvertrauen	**Urteilsvermögen**
Ich erinnere mich daran, dass ich unangenehme Situationen und Gefühle tolerieren kann und dass ich in jeder Situation einen klaren Kopf und ein warmes Herz bewahren kann.	Bevor ich auf eine komplexe Situation reagiere oder sie beurteile, erinnere ich mich daran, zu überlegen, ob das, was geschieht, und meine mögliche Reaktion hilfreich für andere Menschen, die Erde und mich sind.
Empathie	**Alles verändert sich**
Ich erinnere mich daran, dass ich aus jeder Situation zurücktreten, sie aus der Perspektive einer anderen Person sehen und mir vorstellen kann, wie er oder sie sich fühlt.	Ich erinnere mich daran, dass alles kommt, alles geht und alles im Fluss ist.

Gegenseitige Abhängigkeit Ich erinnere mich daran, dass das, was in diesem Moment geschieht, das Ergebnis von unzähligen voneinander abhängigen Faktoren ist, von denen ich einige kenne, andere nicht kenne und von denen einige völlig außerhalb meiner Kontrolle liegen.	**Freude** Ich erinnere mich daran, dass die Bedingungen für Freude und Glück immer da sind, ganz von selbst, und dass ich mich jederzeit mit ihnen verbinden kann.
Freundlichkeit Ich erinnere mich daran, mich mehr darauf zu konzentrieren, gut zu handeln, als auf die Resultate.	**Motivation** Ich erinnere mich daran, darüber nachzudenken, warum ich etwas tun oder sagen will, bevor ich es tue oder sage, um herauszufinden, ob meine Absicht weise und mitfühlend ist.
Ein offener Geist Ich erinnere mich daran, dass sogar Dinge, die unterschiedlich zu sein scheinen, etwas gemeinsam haben und dass jede Geschichte mehr als nur eine Seite hat.	**Geduld** Ich erinnere mich daran, dass es oft eine Weile dauert, bis die Ergebnisse meiner eigenen Bemühungen und die anderer Menschen sichtbar werden.
Gegenwärtiger Moment Ich erinnere mich daran, dass ich dem, was mich vom gegenwärtigen Moment ablenkt, widerstehen kann, so dass ich beobachten, hören und mich ganz darauf einlassen kann, was jetzt gerade geschieht.	**Zurückhaltung im Verhalten** Ich erinnere mich daran, dass ich die Fassung bewahren kann, selbst wenn ich mich gestresst, sehr aufgeregt oder ärgerlich fühle, und dass ich mich zurückhalten kann, auf eine Situation zu reagieren, bevor ich über sie nachgedacht habe.
Zurückhaltung in Gedanken Ich erinnere mich daran, dass ich starke Gefühle aushalten kann und nicht auf meine Gedanken, Gefühle und Empfindungen reagieren muss.	**Selbstmitgefühl** Ich erinnere mich daran, das, was ich denke, fühle, sage und tue, aus einer weisen und freundlichen Perspektive zu betrachten und auch auf meine eigenen Gedanken und Gefühle mit Weisheit und Freundlichkeit zu reagieren.

INDEX DER SPIELE

TEIL DREI: SICH KONZENTRIEREN

6. Achtsam atmen

7. Die Taschenlampe der Aufmerksamkeit

8. Ein friedliches Herz

9. Raus aus dem Kopf, rein in den Körper

TEIL VIER: SICH KÜMMERN

10. Ist es hilfreich?

LITERATURANGABEN

Teil eins: Zur Ruhe kommen

Einleitung

„Goldlöckchen und die drei Bären“ basiert auf einer britischen Volkserzählung.

Siegel, Daniel J. *Wie wir werden, die wir sind: Neurobiologische Grundlagen subjektiven Erlebens. Die Entwicklung des Menschen in Beziehungen.* Paderborn: Junfermann, 2006 (orig. ders., *The Developing Mind: Toward a Neurobiology of Interpersonal Experience.* New York: Guilford, 1999.)

Hanson, Rick, and Richard Mendius. *Das Gehirn eines Buddha. Die angewandte Neurowissenschaft von Glück, Liebe und Weisheit.* Freiburg: Arbor, 2010 (orig. ders., *Buddha's Brain: The Practical Neuroscience of Happiness, Love, and Wisdom.* Oakland, CA: New Harbinger Publications, 2009.)

1. Absichtsvoll atmen

Das Zitat von Christopher Robin wird meist A. A. Milne zugeschrieben, tatsächlich aber stammt es aus dem Disney-Film *Pooh's Grand Adventure: The Search for Christopher Robin.* Es basiert auf ähnlichen Konzepten in den Büchern über Winnie-the-Pooh von Milne.

Goleman, Daniel. *Emotionale Intelligenz.* München: DTV, 2011 (orig. ders., *Emotional Intelligence.* New York: Bantam, 1995.)

Tortora, Suzi. *The Dancing Dialogue: Using the Communicative Power of Movement with Young Children.* Baltimore: Paul H. Brookes, 2006.

2. Anker für die Aufmerksamkeit

Neff, Kristin and Germer, Christopher. *Mindful Self-Compassion.* Aufgerufen am 7. Januar 2016. www.mindfulselfcompassion.org.

Germer, Christopher. *Der achtsame Weg zum Selbstmitgefühl: Wie man sich von destruktiven Gedanken und Gefühlen befreit.* Freiburg: Arbor, 2017 (orig. ders., *The Mindful Path to Self-Compassion: Freeing Yourself from Destructive Thoughts and Emotions.* New York: Guilford, 2009).

Levine, Peter A., and Maggie Kline. *Kinder vor seelischen Verletzungen schützen: Wie wir sie vor traumatischen Erfahrungen bewahren und im Ernstfall unterstützen können.* München: Kösel, 2010 (orig. ders., *Trauma-Proofing Your Kids: A Parents' Guide for Instilling Confidence, Joy, and Resilience.* Berkeley, CA: North Atlantic, 2008).

Tsokyni Rinpoche and Eric Swanson. *Öffne dein Herz und lausche: Den inneren Funken entdecken.* München: Arkana, 2012 (orig. ders., *Open Heart, Open Mind: Awakening the Power of Essence Love.* New York: Harmony, 2012).

Tsokyni Rinpoche. *How to Drop into Your Body and Feelings.* Lion's Roar, August 24, 2015.

Teil zwei: Wahrnehmen und umdeuten

Einleitung

Wallace, David Foster. *Das hier ist Wasser.* Köln: Kiepenheuer & Witsch, 2012 (orig. ders., *This Is Water: Some Thoughts, Delivered on a Significant Occasion, about Living a Compassionate Life.* New York: Little, Brown, 2009).

3. Ein offener Geist

Die Geschichte über den Vater, seinen Sohn und das Pferd basiert auf einer chinesischen Volkserzählung.

Goldstein, Joseph. *One Dharma.* „*The Buddha: A Film by David Grubin*" web page, PBS, April 20, 2010. Aufgerufen am 7. Januar 2016. www.pbs.org/thebuddha/blog/2010/apr/20/one-dharma-joseph-goldstein/.

Kabat-Zinn, Myla, and Jon Kabat-Zinn. *Mit Kindern wachsen: Die Praxis der Achtsamkeit in der Familie.* Freiburg: Arbor, 2015 (orig. ders. *Everyday Blessings: The Inner Work of Mindful Parenting.* New York: Hyperion, 1997).

His Holiness the Dalai Lama. *Rückkehr zur Menschlichkeit: Neue Werte in einer globalisierten Welt.* Köln: Bastei Lübbe, 2013 (orig. ders., *Beyond Religion: Ethics for a Whole World.* Boston: Houghton Mifflin Harcourt, 2011).

Harris, Annaka. *I Wonder.* Illustrated by John Rowe. Los Angeles: Four Elephants, 2013.

Rosenthal, Amy Krouse, and Tom Lichtenheld. *Duck! Rabbit!* San Francisco: Chronicle, 2009.

4. Wertschätzung

Seuss, Dr. *Oh, the Places You'll Go!* New York: Random House, 1990.

Die Geschichte über den Affen und die Falle des Jägers basiert auf *Makkata Sutta: The Foolish Monkey*, übersetzt von Andrew Olendzki. *Access to Insight,* 2005. Aufgerufen am 18. Januar 2016. www.accesstoinsight.org/tipitaka/sn/sn47/sn47.007.olen.html.

Iyer, Pico. *The Value of Suffering.* Editorial. New York Times, September 8, 2013.

Baraz, James. *Frame It with Gratitude.* Huffington Post, May 3, 2010. Aufgerufen am 7. Januar 2016. www.huffingtonpost.com/james-baraz/frame-it-with-gratitude_b_484722.html.

5. Hier und jetzt

Harris, Dan. *Wie ich die entscheidenden 10 % glücklicher wurde: Meditation für Skeptiker.* München: DTV, 2016 (orig. ders., *10 % Happier: How I Tamed the Voice in My Head, Reduced Stress without Losing My Edge, and Found Self-Help That Actually Works;* A True Story. New York: HarperCollins, 2014).

Ricard, Matthieu. *Glück.* München: Nymphenburger, 2012 (orig. ders., *Happiness: A Guide to Developing Life's Most Important Skill.* New York: Little, Brown, 2006).

Dahl, Cortland J., Antoine Lutz, and Richard J. Davidson. *Reconstructing and Deconstructing the Self: Cognitive Mechanisms in Meditation Practice. Trends in Cognitive Sciences 19,* no. 9 (2015): 515–23.

Greenberg, Mark. Personal interview, January 2, 2016.

Dahl, Cortland J. Personal interview, January 2, 2016.

Portis, Antoinette. *Wait.* New York: Roaring Brook, 2015.

Hanh, Thich Nhat. *Five Steps to Mindfulness. Mindful,* August 23, 2010.

Kornfield, Jack. *Das weise Herz: Die universellen Prinzipien buddhistischer Psychologie.* München: Arkana, 2014 (orig. ders., *The Wise Heart: A Guide to the Universal Teachings of Buddhist Psychology.* New York: Bantam, 2008).

Killingsworth, Matthew A., and Daniel T. Gilbert. *A Wandering Mind Is an Unhappy Mind. Science* 330, no. 6006 (2010): 932.

Smalley, Susan. Personal interview, January 1, 2016.

Sapolsky, Robert M. *The Benefits of Mind-Wandering. Wall Street Journal,* June 19, 2015.

Teil drei: Konzentration

Einleitung

Krauss, Ruth. *The Carrot Seed.* Illustrated by Crockett Johnson. New York: Harper Brothers, 1945.

Mingyur, Yongey, Rinpoche, and Eric Swanson. *Buddha und die Wissenschaft vom Glück: Ein tibetischer Meister zeigt, wie Meditation den Körper und das Bewusstsein verändert.* München: Goldmann, 2007 (orig. ders. *The Joy of Living: Unlocking the Secret and Science of Happiness.* New York: Harmony, 2007).

Salzberg, Sharon. *Real Happiness: Entdecke die Kraft der Meditation: Das Praxisprogramm für Anfänger.* München: Heyne, 2014 (orig. ders., *The Power of Meditation; A 28-Day Program.* New York: Workman, 2011).

Piper, Watty. *Die kleine blaue Lokomotive.* Reinbek: Carlsen, 2014 (orig. ders., *The Little Engine That Could.* Illustrated by Lois Lenski. New York: Philomel, 2005).

6. Achtsam atmen

Chödrön, Pema. *Die Weisheit der Ausweglosigkeit.* Freiburg, Arbor Verlag, 2002 (orig. ders., *The Wisdom of No Escape and the Path of Loving-Kindness.* Boston: Shambhala, 1991).

Chödrön, Pema, and Joan Duncan Oliver. *Die 3 Versprechen: Was uns Halt gibt, wenn das Leben uns herausfordert.* München: Arkana, 2014 (orig. ders., *Living Beautifully with Uncertainty and Change.* Boston: Shambhala, 2012).

Wallace, B. Alan. *Genuine Happiness: Meditation as the Path to Fulfillment.* Hoboken, NJ: John Wiley Sons, 2005.

7. Die Taschenlampe der Aufmerksamkeit

Olendzki, Andrew. *Mindfulness and Meditation.* In *Clinical Handbook of Mindfulness,* edited by Fabrizio Didonna, 37–44. New York: Springer, 2009.

Gimian, Carolyn Rose. Personal interview, December 16, 2015.

Flook, Lisa, Susan L. Smalley, M. Jennifer Kitil, Brian M. Galla, Susan Kaiser Greenland, Jill Locke, Eric Ishijima, and Connie Kasari. *Effects of Mindful Awareness Practices on Executive Functions in Elementary School Children. Journal of Applied School Psychology* 26, no. 1 (2010): 70–95.

Galla, Brian M., David S. Black, and Susan Kaiser Greenland. *Mindfulness Training to Promote Self-Regulation in Youth: Effects of the Inner Kids Program.*" In *Handbook of Mindfulness in Education: Integrating Theory and Research into Practice,* edited by Kimberly A. Schonert-Reichl and Robert W. Roeser. New York: Springer, 2016.

Carle, Eric. *Ganz, ganz langsam, sagte das Faultier.* Hildesheim: Gerstenberg, 2002 (orig. ders., *„Slowly, Slowly, Slowly," Said the Sloth.* New York: Philomel, 2002).

8. Ein friedliches Herz

Goodman, Trudy. Personal interview, January 14, 2016.

Seppälä, Emma M. *18 Science-Backed Reasons to Try Loving-Kindness Meditation! Psychology Today,* September 15, 2014.

9. Raus aus dem Kopf, rein in den Körper

Kabat-Zinn, Jon. *Zur Besinnung kommen: Die Weisheit der Sinne und der Sinn der Achtsamkeit in einer aus den Fugen geratenen Welt.* Freiburg: Arbor, 2016 (orig. ders., *Coming to Our Senses: Healing Ourselves and the World through Mindfulness.* New York: Hyperion, 2005).

Willard, Christopher. *Aufwachsen in Achtsamkeit: Wie wir Kinder, Jugendliche und Familien dabei unterstützen können, Ausgeglichenheit, Ruhe und Resilienz zu finden.* Freiburg: Arbor, 2016 (orig. ders., *Growing Up Mindful: Essential Practices to Help Children, Teens, and Families Find Balance, Calm, and Resilience.* Boulder, CO: Sounds True, 2016).

Goodman, Trudy. Personal interview, January 14, 2016.

Teil vier: Sich kümmern

Einleitung

Die Geschichte von der Akrobatin und ihrer Schülerin basiert auf *Sedaka Sutta: The Bamboo Acrobat.* Übersetzt von Andrew Olendzki. *Access to Insight,* 2005. Aufgerufen am 18. January 2016. www.accesstoinsight.org/tipitaka/sn/sn47/sn47.019.olen.html.

Thich Nhat Hanh. *Your True Home: The Everyday Wisdom of Thich Nhat Hanh,* edited by Melvin McLeod. Boston: Shambhala, 2011.

10. Ist es hilfreich?

His Holiness the Dalai Lama. *Rückkehr zur Menschlichkeit: Neue Werte in einer globalisierten Welt.* Köln: Bastei Lübbe, 2013 (orig. ders., *Beyond Religion: Ethics for a Whole World.* Boston: Houghton Mifflin Harcourt, 2011).

Bailey, Becky A. *Conscious Discipline: 7 Basic Skills for Brain Smart Classroom Management.* Oviedo, FL: Loving Guidance, 2001.

Chödrön, Pema. *Liebende Zuwendung – Freude im Herzen*, Kamphausen Verlag, 1998 (orig. ders., *Awakening Loving-Kindness.* Boston: Shambhala, 1996).

11. Das Flutlicht der Aufmerksamkeit

Mingyur, Yongey, Rinpoche, with Helen Tworkov. *Werde ruhig wie ein tiefer See: Ngöndro – die grundlegenden Übungen des tibetischen Buddhismus.* München: Arkana, 2015 (orig. ders., *Turning Confusion into Clarity: A Guide to the Foundation Practices of Tibetan Buddhism.* Boston: Shambhala, 2014).

Trungpa, Chögyam, Rinpoche. *Mindfulness in Action: Making Friends with Yourself through Meditation and Everyday Awareness,* edited by Carolyn Rose Gimian. Boston: Shambhala, 2015.

Greenberg, Mark. Personal interview, January 9, 2016.

Das, Surya, Lama. *Awakening to the Sacred: Creating a Spiritual Life from Scratch.* New York: Broadway, 1999.

Teil fünf: Sich verbinden

Einleitung

Dubuc, Marianne. *The Lion and the Bird.* New York: Enchanted Lion, 2014 [dt. *Der Löwe und der Vogel.* Hamburg: Carlsen, 2014].

Der Ausdruck „die Musik spielen lassen" ist eine Anspielung auf Chögyam Trungpa Rinpoches Metapher „die Phänomene spielen lassen" („Let the phenomena play") aus seinem Buch *Verrückte Weisheit: Leben ohne Hoffnung und Furcht,* herausgegeben von Sherab Chödzin. Oberstdorf: Windpferd, 2012.

12. Mehr sein als scheinen

Bailey, Becky A. *Conscious Discipline: 7 Basic Skills for Brain Smart Classroom Management.* Oviedo, FL: Loving Guidance, 2001.

Winnicott, D. W. *Mirror-Role of the Mother and Family in Child Development.* In *The Predicament of the Family: A Psycho-Analytical Symposium,* edited by P. Lomas, 26–33. London: Hogarth Press, 1967.

Epstein, Mark. *The Trauma of Everyday Life.* New York: Penguin, 2014.

Portis, Antoinette. *Das ist kein Karton!* München: Hanser, 2007 (orig. ders., Not a Box. New York: HarperCollins, 2006).

Banyai, Istvan. *Zoom.* Aarau; Frankfurt; Salzburg: Sauerländer, 1995 (orig. ders., *Zoom.* New York: Viking, 1995).

13. Freiheit

Die Geschichte von den Kolibris und dem Elefanten beruht auf einer chinesischen Volksgeschichte mit dem Titel „Den Himmel oben halten".

Lyubomirsky, Sonja. *Glücklich sein: Warum Sie es in der Hand haben, zufrieden zu leben.* Frankfurt; New York: Campus, 1995 (orig. ders., T*he How of Happiness: A Scientific Approach to Getting the Life You Want.* New York: Penguin, 2008)

McLeod, Ken. *Wake Up to Your Life: Discovering the Buddhist Path of Attention.* San Francisco: HarperSanFranciso, 2001.

His Holiness the Dalai Lama. *Rückkehr zur Menschlichkeit: Neue Werte in einer globalisierten Welt.* Köln: Bastei Lübbe, 2013 (orig. ders., *Beyond Religion: Ethics for a Whole World.* Boston: Houghton Mifflin Harcourt, 2011).

Die Geschichte von dem Samurai und dem Teemeister beruht auf einer japanischen Volksgeschichte.

Seuss, Dr. *Oh, the Places You'll Go!* New York: Random House, 1990.

Ponlop, Dzogchen, Rinpoche. *Rebell Buddha: Aufbruch in die Freiheit.* München: Knaur, 2012 (orig. ders., *Rebel Buddha: On the Road to Freedom.* Boston: Shambhala, 2010).

Wallace, David Foster. *Das hier ist Wasser.* Köln: Kiepenheuer & Witsch, 2012 (orig. ders., *This Is Water: Some Thoughts, Delivered on a Significant Occasion, about Living a Compassionate Life.* New York: Little, Brown, 2009).

ÜBER DIE AUTORIN

© Seth Greenland

Susan Kaiser Greenland lehrt Achtsamkeit und Meditation. Seit 1997 praktiziert sie Meditation bei Lehrern der tibetisch-buddhistischen Tradition.

Susan arbeitete von 1988 bis 2005 als Rechtsanwältin für Unternehmen. Während dieser Zeit entwickelte sie das Training *Inner Kids* und lehrte ehrenamtlich in öffentlichen Schulen säkulare Achtsamkeit. *Inner Kids* ist eine Mischung aus klassischen Achtsamkeits- und Meditationspraktiken, die für Kinder angepasst wurden, und es ist eines der ersten Achtsamkeitsprogramme im Schulkontext. Mit ihrem Ehemann, dem Autor Seth Greenland, gründete Susan die *Inner Kids Foundation*, eine gemeinnützige Organisation, die zwischen 2001 und 2009 säkulare Achtsamkeit in Schulen und in öffentlichen Programmen in Los Angeles und Umgebung lehrte. Schließlich beendete sie ihre Tätigkeit als Anwältin, um sich ganz der Arbeit mit Kindern, Lehrern und Eltern zu widmen.

Susan war Teil des klinischen Teams der pädiatrischen Schmerzklinik am *UCLA Mattel Children's Hospital*, war an einem Forschungsprojekt der UCLA zu den Auswirkungen von Achtsamkeit im Schulkontext beteiligt und arbeitete an einer Untersuchung zu achtsamem Essen für Kinder und betreuende Personen mit. Forschungsergebnisse zum *Inner-Kids*-Programm für die Grundschule sind im *Journal of Applied School Psychology* veröffentlicht worden.

Susan wurde in zahlreichen Zeitschriften und Zeitungen zitiert, unter anderem in der *New York Times*, der *Los Angeles Times*, der *Chicago Tribune*, der *Washington Post, USA Today, Real Simple* und *Parents Magazine*. Sie hat außerdem für die *Huffington Post* und andere Medien geschrieben. Aktuell ist sie in den Vereinigten Staaten sowie in anderen Ländern als Autorin, Referentin und Pädagogin zu den Themen „säkulare Achtsamkeit und Meditation mit Kindern und Familien“ tätig. Susan lebt mit ihrem Ehemann in Los Angeles, Kalifornien, und hat zwei erwachsene Kinder.

DAS SPIEL ZUM BUCH

Von Susan Kaiser Greenland ist beim Arbor Verlag auch das dazugehörige Kartenset *Achtsame Spiele. 55 bewährte Möglichkeiten, spielerisch Achtsamkeit zu lernen* erschienen.

Achtsame Spiele zeigt wunderbare Wege für Kinder und Jugendliche, Achtsamkeit spielerisch zu lernen. Beim achtsamen Spielen entwickeln sie ihre Konzentration und lernen, Emotionen zu regulieren und dadurch auf herausfordernde Situationen gelassener und mitfühlender zu reagieren.

Das Kartenset von Susan Kaiser Greenland besteht aus 55 bewährten und leicht verständlichen Spielen, die über viele Jahre in der Arbeit mit Kindern und Erwachsenen entwickelt und getestet wurden. Obwohl diese Spiele für Kinder entworfen worden sind, sind sie für Eltern und pädagogische Fachkräfte ebenso vergnüglich und transformativ! Alle Spiele fördern Einsicht und Empathie – und sie machen Spaß.

ISBN 978-3-86781-178-1

Online

Umfangreiche Informationen zu unseren Themen, ausführliche Leseproben aller unserer Bücher, einen versandkostenfreien Bestellservice und unseren kostenlosen Newsletter. All das und mehr finden Sie auf unserer Website.

www.arbor-verlag.de

Mehr von Susan Kaiser-Greenland

www.arbor-verlag.de/susan-kaiser-greenland

Seminare

Die gemeinnützige *Arbor Seminare gGmbH* organisiert regelmäßig Seminare und Weiterbildungen mit führenden Vertretern achtsamkeitsbasierter Verfahren.
Nähere Informationen finden Sie unter:

www.arbor-seminare.de